Chris Hohlstamm von Dehnen z.W.

7 METHODEN

UM DICH VON

NEGATIVEN ENERGIEN

ZU BEFREIEN!

Impressum

© 2024 Chris Hohlstamm von Dehnen zu Wendhausen

Bibliografische Information der Deutschen Nationalbibliothek:
Die Deutsche Nationalbibliothek verzeichnet diese Publikation in der Deutschen Nationalbibliografie; detaillierte bibliografische Daten sind im Internet über http://dnb.dnb.de abrufbar.

Copyright © Mein Lebensfreudeverlag / Chris Hohlstamm von Dehnen zu Wendhausen
Alle Rechte vorbehalten.
Ausgabe: 1. Auflage 11.2024

Lektorat: Dr.-Ing. B. Grabe, Chris Hohlstamm von Dehnen z. W.
Korrektorat: Dr.-Ing. B. Grabe, Mein Lebensfreudeverlag
Verlag: BoD · Books on Demand GmbH, In de Tarpen 42,
22848 Norderstedt
Druck: Libri Plureos GmbH, Friedensallee 273, 22763 Hamburg
ISBN: 978-3-7597-6897-1

Inhaltsverzeichnis

Auf eine vorenergetisches Wort

Gibt es überhaupt negative oder positive Energien, oder liegt es nur an unserer unbeugsamen Einstellung?

Herzlich willkommen in der Welt der Energien. Mit diesem Buch lade ich dich ein, die Fragen, die sich rund um das Thema „negative" und „positive" Energien stellen, tiefgehend zu erkunden und eine neue Perspektive auf die Wechselwirkungen von Energie und Einstellung zu entwickeln.

Was sind „negative" oder „positive" Energien?

Sind sie tatsächlich real, oder liegt ihre Wirkung eher in unserer Wahrnehmung und Einstellung? Wie können wir, unabhängig davon, welche Energien uns umgeben, zu innerer Klarheit und Ausgeglichenheit gelangen?

Diese Fragen sind der Kern des Buches, und die sieben Methoden, die wir hier vorstellen, sollen dir dabei helfen, deinen eigenen Weg im Umgang mit Energie zu finden.

1. Einführung in das Konzept von Energie

Wenn wir von „Energie" sprechen, denken viele von uns an elektrische oder physikalische Energieformen, wie Wärme, Licht oder Bewegung. Doch Energie ist ein weit umfassenderes Konzept. Sie ist überall und in allem. Tatsächlich hat jedes Lebewesen, jeder Gedanke, jedes Gefühl eine bestimmte Art von Energie. Diese Energie können wir als neutrale Kraft betrachten, die durch die Art und Weise, wie wir sie erleben und interpretieren, in „positiv" oder „negativ" eingestuft wird.

In der Physik ist Energie immer neutral – sie ist eine Kraft, die die Welt bewegt und formt, ohne moralische Wertungen zu haben. Doch wenn wir Energie in der alltäglichen Sprache betrachten, neigen wir oft dazu, ihr eine bestimmte Qualität zuzuschreiben.

Wir sprechen von „guten" oder „schlechten" Schwingungen, von „positiven" oder „negativen" Energien. Tatsächlich ist dies eine Art und Weise, wie wir unsere eigene Erfahrung der Welt erklären.

Aber sind Energien wirklich von Natur aus „positiv" oder „negativ"?

In der Wissenschaft würde man sagen, dass es diese Kategorien nicht gibt, denn Energie an sich ist neutral. Sie kann lediglich je nach Kontext unterschiedlich empfunden werden.

Wenn wir jedoch in den Bereich der Emotionen und des Geistes eintreten, verändert sich diese Perspektive oft. Hier erleben wir die Welt durch den Filter unserer Überzeugungen, Gefühle und Erfahrungen, und es kann sein, dass uns gewisse Energien als „schwer", „negativ" oder „belastend" erscheinen, während andere als „leicht", „inspirierend" oder „positiv" empfunden werden.

Diese subjektive Bewertung ist oft der Grund dafür, dass wir Energie als gut oder schlecht wahrnehmen.

2. Die Rolle unserer Wahrnehmung und Einstellung

Die Art und Weise, wie wir Energien erleben, hängt also in hohem Maße von unserer Wahrnehmung ab. Dies bedeutet, dass es nicht unbedingt die Energie an sich ist, die positiv oder negativ ist, sondern die Bedeutung, die wir ihr beimessen. Unsere Wahrnehmung kann Energie formen, und unsere innere Einstellung bestimmt oft, wie wir diese Energie erfahren.

Menschen, die eine optimistische Grundhaltung haben, tendieren dazu, auch in herausfordernden Situationen das Positive zu sehen und eher die „positive" Energie wahrzunehmen. Ihre Einstellung und ihre innere Welt beeinflussen die Art und Weise, wie sie auf die äußeren Energien reagieren. Menschen hingegen, die häufiger negative Gedanken haben oder in einer pessimistischen Grundstimmung verweilen, neigen eher dazu, die gleiche Situation oder Energie als belastend und schwer zu empfinden.

Wenn wir uns bewusst machen, wie sehr unsere Einstellung die Wahrnehmung von Energie beeinflusst, haben wir eine Möglichkeit, Kontrolle über diese Wahrnehmung zu gewinnen. Das heißt, wir können lernen, unsere eigene Haltung und unsere Überzeugungen zu hinterfragen und zu verändern, um Energien neutraler wahrzunehmen und uns von der dualen Wertung zu befreien.

3. Der Einfluss unserer Gedanken und Glaubenssysteme

Unsere Gedanken und Überzeugungen spielen eine zentrale Rolle bei der Interpretation und Wahrnehmung von Energie. Oft sind es tief verankerte Glaubenssätze, die bestimmen, wie wir auf bestimmte Energien reagieren. Diese Überzeugungen können bewusst oder unbewusst sein, aber sie beeinflussen, wie wir Energie erleben.

Ein Mensch, der etwa den Glaubenssatz verinnerlicht hat, dass die Welt ein gefährlicher Ort ist, wird viele Situationen als bedrohlich oder negativ empfinden, während jemand mit dem Glauben an das Gute im Leben dieselben Situationen als sicher und unterstützend wahrnimmt.

Diese Denkweisen und inneren Überzeugungen haben eine direkte Auswirkung auf unsere energetische Resonanz, da Gedanken und Gefühle selbst eine Form von Energie sind. Das, worauf wir unseren Fokus legen und woran wir glauben, wird energetisch verstärkt.

Das Gesetz der Anziehung ist ein bekanntes Konzept, das besagt, dass wir durch unsere Gedanken und Gefühle ähnliche Energien anziehen. Positives Denken und optimistische Glaubenssätze können dazu führen, dass wir mehr positive Energien wahrnehmen und anziehen. Umgekehrt verstärken negative Gedanken und Überzeugungen die Wahrnehmung von negativen Energien.

Durch eine bewusste Reflexion und das Infragestellen unserer Glaubenssätze können wir lernen, unsere Einstellung zu verändern. Indem wir uns für positive, aufbauende Gedanken öffnen und negative Überzeugungen hinterfragen, verändern wir unsere energetische Resonanz und können negative Energien neutralisieren.

4. Die Bedeutung von Resonanz und Schwingung

Jede Form von Energie hat eine Schwingung, und jede Schwingung hat eine bestimmte Frequenz. In der Physik beschreibt Resonanz das Phänomen, wenn eine Frequenz eine andere beeinflusst, indem sie auf der gleichen Frequenz schwingt. Dieser Prozess gilt auch für emotionale und spirituelle Energien.

Wenn wir in einer freudigen und positiven Stimmung sind, schwingen wir auf einer hohen Frequenz, die oft als leicht und erhebend empfunden wird. Sind wir hingegen gestresst oder ängstlich, sinkt unsere Frequenz, und wir schwingen auf einer niedrigeren Ebene, die oft als schwer und belastend empfunden wird. Dies erklärt, warum wir uns in bestimmten Umgebungen oder in der Gegenwart bestimmter Menschen wohlfühlen und in anderen nicht – wir nehmen ihre Schwingungen auf, und sie beeinflussen unsere eigene energetische Frequenz.

Die Resonanz zwischen unseren inneren Schwingungen und den Energien um uns herum bestimmt also, wie wir diese Energien erleben. Diese Erfahrung kann entweder positiv oder negativ erscheinen, je nachdem, in welcher Schwingung wir uns selbst befinden.

5. Das Phänomen der unbeugsamen Einstellung

Eine unbeugsame oder starre Einstellung kann uns daran hindern, Energien neutral zu betrachten. Menschen, die an festen Überzeugungen festhalten, erleben oft eine eingeschränkte Wahrnehmung. Diese starren Einstellungen können dazu führen, dass wir bestimmte Energien als negativ oder positiv wahrnehmen, ohne offen für alternative Interpretationen zu sein.

Unsere mentale Einstellung beeinflusst nicht nur unsere Wahrnehmung von Energie, sondern auch die Art und Weise, wie wir auf sie reagieren. Wenn wir lernen, eine flexible und offene Einstellung zu kultivieren, können wir eine neutrale Sichtweise entwickeln. Indem wir unsere mentale Starre lösen, öffnen wir uns dafür, Energien anders wahrzunehmen und uns von den Begrenzungen der dualen Wertung zu befreien.

Ein Beispiel ist die Praxis der Achtsamkeit, bei der wir lernen, alle Erfahrungen ohne Bewertung zu beobachten. Durch diese Praxis können wir Energien akzeptieren, ohne sie als positiv oder negativ zu klassifizieren, was uns eine tiefere Freiheit und Gelassenheit verleiht.

6. Die Rolle der Neutralität in der energetischen Wahrnehmung

Neutralität bedeutet, Energien ohne Urteil wahrzunehmen. Wenn wir neutral bleiben, erleben wir Energien, ohne sie sofort in Kategorien wie „gut" oder „schlecht" einzuordnen. Diese Haltung der Neutralität kann uns helfen, unsere Reaktionen zu kontrollieren und uns weniger von äußeren Einflüssen beeinflussen zu lassen.

Durch Techniken wie Meditation und Achtsamkeit können wir lernen, in einem Zustand der Neutralität zu verweilen. Diese Praktiken unterstützen uns dabei, die „negativen" und „positiven" Bewertungen von Energie zu überwinden und uns auf das Wesentliche zu konzentrieren.

7. Einladung zur Erforschung und Anwendung der sieben Methoden

Die folgenden Kapitel dieses Buches bieten dir sieben effektive Methoden, um dich von negativen Energien zu befreien. Diese Methoden zielen darauf ab, dir Werkzeuge an die Hand zu geben, die dir helfen, deine eigene energetische Stabilität und Klarheit wiederzuerlangen. Sie helfen dir, deine Einstellung und Wahrnehmung zu verändern und eine Balance zwischen innerer Harmonie und energetischer Freiheit zu finden.

Diese Methoden sollen dir zeigen, dass es nicht immer die Energien um uns herum sind, die uns beeinflussen, sondern unsere eigene Reaktion und Einstellung dazu. Durch die Anwendung dieser Techniken kannst du lernen, Energien bewusster zu erleben und unabhängig von äußeren Einflüssen zu einer inneren Klarheit und Stärke zu finden.

Ich lade dich ein, diese Methoden zu erforschen und in deinem eigenen Leben anzuwenden. Möge dieses Buch dir helfen, die wahre Natur der Energie zu verstehen und eine neue Perspektive auf das Thema „negative" und „positive" Energien zu entwickeln.

In tiefer Verbundenheit und Dankbarkeit für deine Bereitschaft, dich auf diese Reise einzulassen,

Dein Chris

Kapitel 1: Verstehe die Macht der Energie

Energie umgibt uns und ist in jedem Aspekt unseres Lebens präsent. Ob wir es wahrnehmen oder nicht – Energien beeinflussen uns körperlich, geistig und emotional. Der Schlüssel zur Bewältigung von Herausforderungen und zur Erreichung von innerem Gleichgewicht liegt im Verständnis dieser Energien.

Negative Energien können dabei eine erhebliche Last darstellen, die unser Wohlbefinden und unsere Lebensfreude beeinträchtigt. Bevor wir jedoch beginnen können, uns von ihnen zu befreien, ist es wichtig, ein Verständnis dafür zu entwickeln, was negative Energie ist, wie sie auf uns wirkt und warum es so entscheidend ist, sich von ihr zu lösen.

Die unsichtbare Macht der Energie

Energie ist ein Konzept, das auf den ersten Blick abstrakt erscheinen mag. Aber sie ist in den einfachsten alltäglichen Dingen und in den komplexesten menschlichen Erfahrungen präsent. Jedes Lebewesen und jeder Gegenstand besteht aus Energie und hat eine eigene Schwingungsfrequenz. Unser Körper, unsere Gedanken, Emotionen und selbst unsere Umgebung strahlen Energie aus.

Diese Schwingungen sind häufig so subtil, dass wir sie nur durch bewusstes Wahrnehmen oder in besonders emotional aufgeladenen Momenten bemerken. So wie es positive Energie gibt, die uns erhebt und stärkt, gibt es auch negative Energie, die uns belastet und einschränkt.

Was sind negative Energien?

Der Begriff „negative Energie" beschreibt Schwingungen oder Einflüsse, die uns auf emotionaler, mentaler oder körperlicher Ebene negativ beeinflussen. Negative Energien sind nicht sichtbar, aber sie haben spürbare Auswirkungen. Sie können aus verschiedenen Quellen stammen und sich auf unterschiedliche Weisen manifestieren:

1. Negative Energie durch äußere Einflüsse:

Oftmals entsteht negative Energie durch äußere Faktoren. Menschen, die sich in einem Zustand emotionaler Unruhe befinden, können zum Bei-spiel durch ihre eigene Verfassung eine Belastung für ihr Umfeld darstellen. Dies gilt besonders für Personen, die häufig pessimistisch, ängstlich oder wütend sind. Auch Orte, an denen Konflikte oder schwere Ereignisse stattgefunden haben, können eine energetische Last tragen, die spürbar wird, wenn man sich dort aufhält.

2. Innere Einflüsse und negative Gedanken:

Negative Energie kann auch aus unserem eigenen Inneren kommen. Gedanken und Emotionen sind eng mit unserem Energiehaushalt ver-knüpft. Negative Denkmuster wie Selbstzweifel, Ängste, Wut oder Frustration können uns in einem Zustand niederer Schwingungen halten. Jeder Gedanke erzeugt eine

Schwingung, und wiederholte negative Gedanken führen zu einer energetischen Dichte, die unser inneres Gleichgewicht stört.

3. Energetische Übertragungen:

Menschen haben die Fähigkeit, Energie auf andere zu übertragen – bewusst oder unbewusst. Wenn du beispielsweise viel Zeit mit jemandem verbringst, der von negativen Emotionen wie Wut oder Frustration erfüllt ist, kann seine Energie auf dich übergehen. Diese energetischen Übertragungen finden oft in zwischenmenschlichen Interaktionen statt, insbesondere in engen Beziehungen oder in Situationen, in denen wir sehr empfänglich sind.

4. Umgebung und energetische Residuen:

Auch Orte und Objekte können Energien aufnehmen und diese speichern. Ein Haus, in dem es oft Streit und Konflikte gibt, kann eine energetische „Last" entwickeln. Wenn du einen Raum betrittst und ein Gefühl von Anspannung oder Beklommenheit verspürst, kann dies ein Zeichen für negative Energien sein, die dort gespeichert sind.

Wie wirken sich negative Energien auf uns aus?

Negative Energien sind nicht nur unsichtbare Lasten; sie haben reale Auswirkungen auf unsere Gesundheit, unser emotionales Gleichgewicht und unsere mentale Klarheit. Es ist wichtig, die Signale zu erkennen, die darauf hinweisen, dass du von negativen Energien beeinflusst wirst. Hier sind einige typische Anzeichen und Auswirkungen negativer Energien:

1. Emotionale Blockaden und Anspannung:

Negative Energien können emotionale Blockaden schaffen, die es schwer machen, Freude und Leichtigkeit zu empfinden. Ein übermäßiger Einfluss negativer Energie führt oft zu einem Zustand emotionaler Schwere und kann Gefühle wie Angst, Traurigkeit und Wut ver-stärken.

2. Physische Symptome und Erschöpfung:

Wenn du von negativer Energie umgeben bist, kann sich dies in körperlichen Symptomen wie Müdigkeit, Kopfschmerzen, Verspannungen und Verdauungsproblemen äußern. Die ständige Belastung des Energiesystems wirkt sich oft direkt auf den physischen Körper aus und kann sogar zu chronischen Beschwerden führen.

3. Mentale Unruhe und Konzentrationsprobleme:

Negative Energien können zu einem Zustand geistiger Unruhe führen. Vielleicht findest du dich oft in Gedankenschleifen wieder, hast Schwierigkeiten, dich zu konzentrieren oder gerätst leicht in Grübeleien. Dies erschwert die Bewältigung des Alltags und kann zu einem Gefühl des Kontrollverlusts führen.

4. Beeinträchtigung des Selbstwertgefühls:

Negative Energien können uns das Gefühl geben, weniger wert oder nicht gut genug zu sein. Durch den ständigen Einfluss solcher Schwingungen neigen wir dazu, uns selbst in Frage zu stellen und an unseren Fähigkeiten zu zweifeln, was das Selbstvertrauen beeinträchtigt.

5. Störung sozialer Beziehungen:

Die Präsenz negativer Energie kann auch dazu führen, dass wir Probleme in Beziehungen und Interaktionen mit anderen erleben. Negative Schwingungen wirken sich auf unsere Ausstrahlung aus, was von anderen WAHRgenommen wird und die Harmonie in sozialen Kontakten stören kann.

Warum es so wichtig ist, sich von negativen Energien zu befreien

Die Befreiung von negativen Energien ist ein essenzieller Schritt zur Selbstheilung und zur Erreichung eines stabilen emotionalen Gleichgewichts. Indem du lernst, negative Energien zu identifizieren und dich davon zu lösen, kannst du deine Vitalität steigern, deine innere Klarheit fördern und deine Lebensfreude zurückgewinnen. Hier sind einige Gründe, warum die energetische Reinigung so wichtig ist:

- Emotionale Heilung und Ausgeglichenheit: Die Befreiung von negativer Energie hilft dir, emotionale Stabilität zu finden und fördert ein Gefühl inneren Friedens. Wenn du die Lasten negativer Energien loslässt, fällt es dir leichter, Freude, Gelassenheit und Liebe zu empfinden.

- Förderung von physischer Gesundheit: Da negative Energien den Körper belasten können, trägt die energetische Reinigung zu einem verbesserten Wohlbefinden und einem stärkeren Immunsystem bei. Menschen, die regelmäßig energetisch „entgiften", berichten oft von gesteigerter Vitalität und einer besseren körperlichen Verfassung.

- Stärkung deines Selbstbewusstseins: Indem du negative Energien loslässt, kannst du ein höheres Maß an Selbstvertrauen und Selbstwertgefühl entwickeln. Du wirst dir deiner Fähigkeiten bewusster und bist besser in der Lage, deine Stärken zu nutzen.

- Erhöhte Konzentration und Fokus: Ohne die Ablenkungen und Einflüsse negativer Energien wirst du merken, dass es leichter ist, dich auf deine Ziele zu konzentrieren und fokussiert zu bleiben. Dies fördert ein tieferes Gefühl der Erfüllung und Motivation.

Negative Energien erkennen und lokalisieren

Der erste Schritt zur energetischen Reinigung besteht darin, negative Energien in deinem Leben zu identifizieren und zu lokalisieren. Hier sind einige Möglichkeiten, wie du erkennen kannst, ob und wo negative Energien in deinem Leben präsent sind:

1. Gefühle von Schwere und Anspannung:

Wenn du dich häufig angespannt, traurig oder verärgert fühlst, kann dies ein Zeichen für die Anwesenheit negativer Energie sein. Beobachte, ob diese Gefühle besonders stark sind, wenn du in bestimmten Räumen bist oder dich mit bestimmten Menschen triffst.

2. Probleme in bestimmten Umgebungen:

Orte haben ihre eigene energetische „Geschichte". Wenn du dich in einem bestimmten Raum oder an einem bestimmten Ort besonders unwohl fühlst, kann dies daran liegen, dass dort negative Energien gespeichert sind. Dies ist oft in Räumen der Fall, in denen viele Konflikte oder schwierige Emotionen erlebt wurden.

3. Emotionale Reaktionen auf Menschen:

Wenn du dich in der Nähe bestimmter Personen besonders erschöpft oder angespannt fühlst, kann dies auf eine energetische Übertragung hindeuten. Menschen mit stark negativer Energie neigen dazu, diese unbewusst auf ihre Umgebung zu übertragen.

4. Körperliche Verspannungen und Stresssymptome:

Manchmal kann negative Energie auch in Form von körperlichen Beschwerden auftreten, besonders wenn sie sich über längere Zeit ansammelt. Häufige Kopfschmerzen, Muskelverspannungen oder Verdauungsprobleme können auf eine energetische Belastung hinweisen.

Positive Energie als Gegenkraft: Das Geheimnis für Harmonie und Balance

So wie es negative Energien gibt, existieren auch positive Energien, die förderlich für unser Wohlbefinden sind. Positive Energie ist jene Kraft, die uns stärkt, uns ein Gefühl von Frieden und

Sicherheit gibt und uns befähigt, das Leben mit Optimismus und Freude zu erleben. Positive Energien sind auch anziehend und fördern harmonische Beziehungen sowie eine tiefe Verbindung zu uns selbst.

- **Freude und Glück:** Menschen, die mit positiver Energie erfüllt sind, erleben das Leben aus einer Perspektive der Freude und Zufriedenheit. Sie strahlen Wärme und Freundlichkeit aus und haben oft eine inspirierende Wirkung auf andere.

- **Innere Klarheit und Fokus:** Positive Energie hilft dabei, gedanklich klar zu bleiben und sich besser auf die eigenen Ziele zu konzentrieren. Dies unterstützt uns darin, zielgerichtet zu arbeiten und selbst in stressigen Zeiten ruhig zu bleiben.

- **Harmonische Beziehungen:** Positive Energie ist eine wichtige Grundlage für zwischenmenschliche Beziehungen. Sie fördert Geduld, Mitgefühl und Empathie und ermöglicht es uns, andere Menschen auf einer tieferen Ebene zu verstehen und mit ihnen in Harmonie zu sein.

In den folgenden Kapiteln werden dir die sieben Methoden zur Reinigung und Befreiung von negativen Energien vorgestellt. Jede Methode ist darauf ausgelegt, dir zu helfen, dich von energetischen Belastungen zu befreien, dein inneres Gleichgewicht zu finden und deine positive Energie zu stärken. Von der Atemtechnik über die Kraft der Natur bis hin zur Meditation bietet jede Technik ein einzigartiges Werkzeug, um deinen Weg zu mehr Leichtigkeit und Harmonie zu finden.

Kapitel 2: Techniken der energetischen Reinigung – Atemmethoden, Wasserrituale und die Kraft der Natur

In unserem täglichen Leben sind wir unweigerlich einer Vielzahl von energetischen Einflüssen ausgesetzt. Negative Energie kann durch stressige Situationen, Konflikte und intensive Emotionen entstehen und unser Wohlbefinden beeinträchtigen. Die energetische Reinigung hilft dabei, diese Belastungen zu neutralisieren und uns wieder in Balance zu bringen.

In diesem Kapitel wirst du tief in spezifische Methoden der Reinigung eintauchen, darunter Atemtechniken, Wasserrituale und Naturverbindungen – drei mächtige Werkzeuge, die sich seit Jahrhunderten bewährt haben.

1. Atemmethoden: Reinigung durch die Kraft des Atems

Der Atem ist eine der zugänglichsten und dennoch kraftvollsten Methoden, um negative Energie loszulassen. In vielen Kulturen wird der Atem als Lebensenergie betrachtet – im Yoga spricht man von „Prana", im Taoismus von „Qi".

Der Atem versorgt uns nicht nur mit Sauerstoff, sondern kann auch die emotionale und energetische Schwingung unseres Körpers beeinflussen. Richtig angewandte Atemtechniken helfen, Blockaden zu lösen, Stress abzubauen und das innere Gleichgewicht wiederherzustellen.

Die Bedeutung des Atems in der energetischen Reinigung

Atemtechniken nutzen die Fähigkeit des Körpers, durch bewusstes Atmen Spannungen zu lösen und negative Energien auszuscheiden. Negative Emotionen wie Angst, Wut oder Trauer können unseren Atemrhythmus beeinflussen – er wird flach, unregelmäßig oder stockt sogar. Durch bewusste Atemübungen wird nicht nur die Sauerstoffzufuhr verbessert, sondern auch die Energiebahnen im Körper geöffnet und gereinigt.

Praktische Atemübungen zur Reinigung

a) Tiefenatmung zur Erdung und Entspannung

Die Tiefenatmung ist eine einfache, aber sehr effektive Methode, um negative Energie loszulassen und den Körper zu entspannen. Die tiefe Bauchatmung beruhigt das Nervensystem und stellt die Verbindung zum eigenen Körper wieder her.

- Setze dich in eine bequeme Position oder lege dich auf den Rücken.

- Lege eine Hand auf deinen Bauch und atme langsam und tief ein, sodass sich dein Bauch hebt.

- Atme langsam aus und stelle dir dabei vor, wie du negative Energie loslässt.

- Wiederhole dies für fünf bis zehn Minuten und spüre, wie du dich geerdeter und ruhiger fühlst.

b) Wechselatmung für energetische Balance

Die Wechselatmung, auch „Nadi Shodhana" genannt, ist eine Technik, die hilft, die Energiebahnen im Körper auszugleichen und Klarheit zu schaffen. Sie reinigt und balanciert die linke und rechte Gehirnhälfte, was beruhigend wirkt und den Energiefluss harmonisiert.

- Setze dich bequem hin und halte den Rücken gerade.

- Schließe mit dem rechten Daumen dein rechtes Nasenloch und atme langsam durch das linke Nasenloch ein.

- Schließe nun das linke Nasenloch und öffne das rechte Nasen- loch. Atme langsam aus.

- Atme nun durch das rechte Nasenloch ein, schließe es dann und öffne das linke Nasenloch, um auszuatmen.

- Wiederhole diesen Wechsel zehnmal und spüre, wie die Atem- übung deine Energien ausbalanciert und klärt.

c) Atem der Transformation

Der Atem der Transformation ist eine intensivere Atemtechnik, die dabei hilft, tieferliegende emotionale Blockaden und nega- tive Energien freizusetzen. Diese Methode eignet sich besonders gut für Zeiten, in denen du dich emotional belastet oder über- wältigt fühlst.

- Setze dich bequem hin und konzentriere dich auf deine Atmung.

- Atme tief ein, halte den Atem für einige Sekunden und stelle dir vor, wie sich in dieser Pause alle negativen Energien sammeln.

- Atme dann mit einem kräftigen Stoß durch den Mund aus und visualisiere, wie die negative Energie aus deinem Körper strömt.

- Wiederhole diesen Vorgang für fünf Minuten und spüre die Erleichterung, die sich in deinem Körper breitmacht.

2. Wasserrituale: Reinigung und Erneuerung durch Wasser

Wasser ist seit jeher ein Symbol für Reinigung und Erneuerung. In vielen Kulturen und spirituellen Traditionen wird Wasser zur energetischen Reinigung verwendet, da es die Fähigkeit besitzt, Energien aufzunehmen und fortzuspülen. Wasserrituale bieten eine kraftvolle Möglichkeit, sich von energetischen Lasten zu befreien und sich erfrischt und erneuert zu fühlen.

Die Bedeutung des Wassers in der energetischen Reinigung

Wasser ist nicht nur ein lebenswichtiges Element, sondern hat auch eine starke energetische Wirkung. Es leitet Energie und kann negative Schwingungen abtransportieren, weshalb Rituale wie Baden, Duschen oder Handwaschen eine reinigende Wirkung haben. Wasser kann auf verschiedene Weise verwendet werden, um die eigenen Energien zu klären und sich von negativen Einflüssen zu befreien.

Praktische Wasserrituale zur Reinigung

a) Reinigung durch eine Salz-Wasser-Bad

Ein Salzbad ist eine einfache, aber effektive Methode, um negative Energien zu neutralisieren. Salz hat die Fähigkeit, energetische Dichte zu lösen und Blockaden abzubauen, weshalb es in spirituellen Reinigungsritualen oft verwendet wird.

- Fülle deine Badewanne mit warmem Wasser und gib eine Tasse Meersalz oder Himalaya-Salz hinzu.

- Setze dich ins Wasser und stelle dir vor, wie das Salz alle negativen Energien aus deinem Körper zieht.

- Verweile etwa 20 Minuten im Wasser und lasse dann das Wasser ablaufen, wobei du dir vorstellst, wie die negative Energie mit dem Wasser weggespült wird.

- Dusche dich danach kurz ab, um die Reste des Salzes abzuwaschen und die Reinigung abzuschließen.

b) Visualisiertes Reinigungsduschen

Duschen eignet sich hervorragend zur energetischen Reinigung, besonders wenn du visualisierst, dass das Wasser negative Energien von dir fortspült.

- Steige unter die Dusche und stelle das Wasser auf eine angenehme Temperatur.

- Schließe die Augen und stelle dir vor, wie das Wasser jede Schicht negativer Energie von deinem Körper löst.

- Visualisiere, dass die negativen Schwingungen mit dem Wasser in den Abfluss gespült werden und du dich leicht und befreit fühlst.

- Nach etwa zehn Minuten beendest du die Dusche und bedankst dich innerlich bei dem Wasser für die Reinigung.

c) Handreinigung mit Wasser und Zitronensaft

Zitronensaft ist ein starkes Reinigungsmittel, das nicht nur physische, sondern auch energetische Verunreinigungen beseitigen kann. Dieses Ritual eignet sich gut für eine schnelle Reinigung zwischendurch.

- Mische eine kleine Menge Wasser mit einigen Tropfen Zitronensaft.

- Reibe deine Hände mit dieser Mischung ein und stelle dir vor, wie alle negativen Energien fortgespült werden.

- Spüle deine Hände mit klarem Wasser ab und achte darauf, wie frisch und klar sie sich anfühlen.

3. Naturverbindungen: Erdung und Reinigung durch die Kraft der Natur

Die Natur hat eine natürliche, energetische Reinigungskraft, die uns dabei hilft, negative Energien loszulassen und wieder zu uns selbst zu finden. Elemente wie Erde, Bäume, Wasser und frische Luft sind starke Energiequellen, die unsere Schwingungen positiv beeinflussen können. Das Verweilen in der Natur fördert die Verbindung zur eigenen Essenz und hilft uns, uns zu erden.

Die Bedeutung der Natur in der energetischen Reinigung

Die Natur ist ein kraftvoller Heiler und eine Quelle positiver Energie. Jeder Baum, jeder Stein und jedes Gewässer strahlt eine natürliche, harmonisierende Energie aus. Der Aufenthalt in der Natur hilft uns, uns mit der Erde zu verbinden, Stress abzubauen und uns von negativen Energien zu befreien. Ob du nun Zeit im Wald verbringst, am Wasser entlangspazierst oder barfuß über eine Wiese gehst – die Natur hilft dir, dich neu auszurichten.

Praktische Naturverbindungen zur Reinigung

a) Erdung durch Barfußlaufen

Das Barfußlaufen ist eine einfache, aber kraftvolle Methode, um negative Energien loszulassen und dich mit der Energie der Erde zu verbinden.

- Suche dir eine saubere Wiese, einen Strand oder ein Stück Waldboden.

- Ziehe deine Schuhe und Socken aus und stelle deine Füße fest auf den Boden.

- Schließe die Augen und visualisiere, wie alle negativen Energien durch deine Füße in die Erde fließen.

- Atme tief ein und lasse die Energie der Erde in dich hineinströmen. Verweile zehn bis zwanzig Minuten in dieser Position und spüre, wie du dich geerdet und gestärkt fühlst.

b) Waldspaziergang zur Reinigung

Ein Spaziergang im Wald kann deine Energie vollständig erneuern und dich von negativen Einflüssen befreien. Die frische Luft und die Ruhe des Waldes wirken beruhigend und ausgleichend.

- Suche dir einen ruhigen Wald oder Park, in dem du ungestört spazieren kannst.

- Während du gehst, nimm bewusst die Umgebung wahr – die Bäume, die Blätter, den Boden.

- Stelle dir vor, dass jeder Atemzug frische, positive Energie aufnimmt, während negative Energien mit jedem Schritt in den Boden abgegeben werden.

- Verbringe mindestens eine halbe Stunde im Wald und spüre, wie dich die Natur harmonisiert.

c) Wasserfall- oder Flussmeditation

Wenn du Zugang zu einem Fluss, einem Bach oder einem Wasserfall hast, kannst du die reinigende Kraft des fließenden Wassers für eine Meditation nutzen.

- Setze dich in die Nähe des Wassers und schließe die Augen.

- Stelle dir vor, dass der Fluss oder Wasserfall alle negativen Energien von dir wegspült.

- Nimm das Rauschen des Wassers in dich auf und lasse deine Gedanken zur Ruhe kommen.

- Diese Art der Meditation ist besonders wirkungsvoll, da das fließende Wasser eine natürliche Reinigungskraft besitzt, die deinen Energiefluss harmonisieren kann.

Diese Techniken sind nur der Anfang deiner Reise zur energetischen Reinigung. Sie bieten dir einfache, aber wirkungsvolle Werkzeuge, um deinen Körper, Geist und deine Seele regelmäßig zu reinigen und zu harmonisieren. Im nächsten Kapitel wirst du weitere Methoden kennenlernen, die dich dabei unterstützen, dich von Belastungen zu befreien und deine innere Balance zu stärken.

Kapitel 3: Weitere Techniken zur energetischen Reinigung – Klangtherapie, Meditation, Visualisierungen und der Einsatz von Kristallen und Schutzsymbolen

Nachdem wir die grundlegenden Techniken zur energetischen Reinigung durch Atemmethoden, Wasser und Naturverbindungen behandelt haben, gehen wir nun auf weitere kraftvolle Methoden ein. Diese Techniken sind leicht in den Alltag integrierbar und wirken nachhaltig, um dein Energiefeld zu harmonisieren, dich zu erden und negative Energien loszulassen. Dazu gehören Klangtherapie, Meditation und Visualisierung sowie der gezielte Einsatz von Kristallen und Schutzsymbolen.

1. Klangtherapie: Die heilende Kraft des Schalls

Klangtherapie ist eine alte Methode zur Harmonisierung von Körper und Geist, die auf die heilende Kraft von Schwingungen setzt. Schall und Klang besitzen die einzigartige Fähigkeit, auf tiefster Ebene zu entspannen und zu klären, da sie direkt auf unsere Energiezentren (Chakras) wirken. Klangschalen, Gongs, Stimmgabeln und bestimmte Musikrichtungen erzeugen Schwingungen, die die Frequenz unserer eigenen Energiefelder anheben und auf sanfte Weise energetische Blockaden lösen können.

Die Wirkung von Klang auf das Energiefeld

Wenn wir bestimmte Töne hören, entstehen Schwingungen, die in den Körper eindringen und unsere Zellen erreichen. Diese Schwingungen wirken auf die energetischen Blockaden, die sich in uns angesammelt haben, und lösen diese auf sanfte Weise auf. Töne können harmonisierend wirken und negative Schwingungen neutralisieren, indem sie unseren Energiefluss aktivieren und harmonisieren.

Praktische Klangtherapie-Techniken zur energetischen Reinigung

a) Klangschalenmeditation

Eine Klangschalenmeditation ist besonders wirksam, um tiefe Entspannung zu erreichen und negative Energien loszulassen.

- Setze oder lege dich in eine bequeme Position und schließe die Augen.

- Nimm eine Klangschale und schlage sie sanft an. Höre dem Klang aufmerksam zu und stelle dir vor, wie die Schwingungen in deinen Körper eindringen und jede Blockade auflösen.

- Visualisiere, wie die Schwingungen der Klangschale negative Energien aus deinem Körper herausziehen.

- Wiederhole das Anschlagen der Klangschale für etwa 10 Minuten und spüre, wie du dich danach gereinigt und erfrischt fühlst.

b) Gongbäder zur Tiefenentspannung und Reinigung

Ein Gongbad ist eine intensive Klangtherapie, bei der du dich den tiefen, resonanten Klängen eines Gongs aussetzt. Diese Klänge sind stark genug, um tiefliegende Blockaden zu lösen.

- Lege dich in einem ruhigen Raum auf den Rücken und schließe die Augen.

- Höre einem Gongspiel oder einer Aufnahme zu und lasse die tiefen Klänge deinen Körper und Geist durchdringen.

- Spüre, wie jede Zelle deines Körpers auf die Schwingungen reagiert und sich von negativen Energien befreit.

- Nach etwa 15 bis 20 Minuten Gongklängen wirst du merken, dass dein Geist ruhiger und dein Körper entspannter ist.

c) Mantragesang für Selbstreinigung und Schutz

Mantras sind heilige Silben oder Worte, die oft in der Meditation und im Gebet verwendet werden. Durch das Rezitieren bestimmter Mantras können wir uns von negativen Schwingungen befreien und eine schützende Aura aufbauen.

- Setze dich bequem hin und schließe die Augen.

- Wiederhole ein Mantra, wie „Om" oder „Sa Ta Na Ma", laut oder innerlich. Fühle, wie jeder Ton eine Resonanz in deinem Körper erzeugt.

- Stelle dir vor, wie die Schwingung des Mantras negative Energien auflöst und positive Schwingungen anzieht.

- Setze diese Übung für mindestens 10 Minuten fort und genieße die reinigende und beruhigende Wirkung.

2. Meditation: Geistige Klarheit und Reinigung durch Achtsamkeit

Meditation ist eine der bewährtesten Techniken zur Klärung des Geistes und zur Befreiung von negativen Energien. Durch Meditation können wir Gedankenmuster erkennen, loslassen und so unser Energiefeld reinigen. Meditation fördert Ruhe, Klarheit und zentriert uns, sodass negative Energien weniger Macht über uns haben.

Die Bedeutung der Meditation für die energetische Reinigung

In der Meditation wird der Geist ruhig und wir können negative Gedanken und Gefühle loslassen, die unser Energiefeld belasten. Eine regelmäßige Meditationspraxis stärkt unsere innere Balance und macht uns weniger anfällig für äußere Energien. Meditation hilft, energetische Blockaden zu lösen und die eigene Schwingung anzuheben.

Praktische Meditationstechniken zur Reinigung

a) Achtsamkeitsmeditation

Die Achtsamkeitsmeditation hilft uns, negative Energien loszulassen, indem wir uns vollständig auf den Moment konzentrieren und innere Ruhe finden.

- Setze dich an einen ruhigen Ort und schließe die Augen.

- Konzentriere dich auf deinen Atem und beobachte, wie er ein- und ausströmt.

- Nimm Gedanken und Gefühle wahr, ohne auf sie zu reagieren. Stelle dir vor, wie negative Energie mit jedem Ausatmen aus dir herausfließt.

- Diese Übung kann 10–20 Minuten dauern und hilft dir, Anspannung und Blockaden zu lösen.

b) Lichtmeditation zur energetischen Reinigung

In der Lichtmeditation visualisierst du, wie Licht in deinen Körper strömt und jede negative Energie beseitigt.

- Setze oder lege dich in eine bequeme Position und schließe die Augen.

- Visualisiere ein helles Licht über deinem Kopf, das langsam in deinen Körper fließt.

- Stelle dir vor, wie das Licht jede Zelle deines Körpers füllt und alle dunklen oder negativen Energien auflöst.

- Verweile in dieser Visualisierung für 10–15 Minuten und genieße die sanfte, reinigende Wirkung.

c) Geführte Meditation für innere Reinigung und Schutz

Geführte Meditationen eignen sich besonders gut, um negative Energien zu klären und eine schützende energetische Barriere aufzubauen.

- Suche eine geführte Meditation, die auf Reinigung und Schutz ausgelegt ist, und folge den Anweisungen.

- Visualisiere in der Meditation, wie du dich von negativen Einflüssen befreist und eine Schutzbarriere um dich herum aufbaust.

- Diese Meditation dauert oft 20–30 Minuten und hilft dir, deinen inneren Raum zu schützen.

3. Visualisierungen: Reinigung und Schutz durch geistige Bilder

Visualisierungen sind kraftvolle Techniken, um durch Gedankenbilder negative Energien aufzulösen und eine positive Energie aufzubauen. Die Macht des Geistes ist stark genug, um energetische Prozesse anzustoßen. Visualisierungen wirken direkt auf das Unterbewusstsein und stärken unsere Fähigkeit, uns gegen äußere Einflüsse zu schützen.

Praktische Visualisierungstechniken zur energetischen Reinigung

a) Die „Reinigungsdusche"-Visualisierung

Die „Reinigungsdusche" ist eine Technik, bei der du dir vorstellst, wie du unter einer energetischen Dusche stehst, die alle negativen Energien abspült.

- Schließe die Augen und stelle dir eine Lichtdusche vor, die von oben auf dich herabfällt.

- Visualisiere, wie das Licht negative Energien von deinem Kopf bis zu deinen Füßen wegspült.

- Spüre, wie du dich mit jeder Sekunde klarer und gereinigter fühlst, und lasse diese Reinigung für etwa 5–10 Minuten andauern.

b) Die „Schutzkugel"-Visualisierung

Die Schutzkugel ist eine Technik, um sich eine schützende Barriere um den eigenen Körper vorzustellen, die negative Energien abhält.

- Setze dich hin und schließe die Augen.

- Visualisiere eine strahlende Kugel aus Licht, die sich langsam um deinen Körper herum bildet.

- Stelle dir vor, dass diese Kugel jede negative Energie von außen abwehrt und deine innere Energie schützt.

- Behalte dieses Bild für einige Minuten bei und fühle dich sicher und geschützt.

c) Feuer-Visualisierung zur Transformation negativer Energien

Das Bild von Feuer ist kraftvoll und kann genutzt werden, um negative Energien in positive Schwingungen zu transformieren.

- Setze dich in eine entspannte Position und schließe die Augen.

- Visualisiere eine Flamme in deinem Herzen, die alle negativen Energien in dir verbrennt und in Licht verwandelt.

- Lasse das Feuer wachsen, bis dein ganzer Körper von warmem, reinigendem Licht erfüllt ist.

- Verweile für einige Minuten in diesem Zustand und spüre, wie du dich geklärt und gestärkt fühlst.

4. Der Einsatz von Kristallen und Schutzsymbolen

Kristalle und Symbole werden seit Jahrhunderten zur energetischen Reinigung und zum Schutz verwendet. Kristalle wie Amethyst, Rosenquarz und schwarzer Turmalin haben energetische Eigenschaften, die uns unterstützen können, negative Schwingungen abzuwehren und unser Energiefeld zu harmonisieren. Symbole wie das „OM", das Pentagramm oder das Schutzsymbol der Blume des Lebens helfen, eine schützende Energie aufzubauen.

Die energetische Wirkung von Kristallen

Kristalle wirken wie „Energiemagneten", die Schwingungen anziehen oder abwehren können. Sie haben die Fähigkeit, Energiefelder zu stabilisieren und bestimmte Frequenzen auszusenden, die beruhigend, stärkend oder klärend wirken.

Praktische Techniken zur Nutzung von Kristallen und Schutzsymbolen

a) Kristalle zur Reinigung

Kristalle wie Selenit und Amethyst eignen sich hervorragend zur Reinigung des Energiefeldes. Trage sie als Schmuck oder lege sie auf bestimmte Körperstellen, um energetische Reinigung zu erfahren.

- Lege einen Amethyst auf dein Herz, wenn du das Gefühl hast, dass du energetisch gereinigt werden musst.

- Trage einen schwarzen Turmalin, um negative Energien abzuwehren und dich zu schützen.

b) Schutzsymbole visualisieren

Visualisiere Symbole wie das „OM" oder die Blume des Lebens, um eine energetische Barriere aufzubauen.

- Setze dich hin und stelle dir ein Schutzsymbol vor, das sich um deinen Körper legt.

- Fühle, wie das Symbol eine schützende Aura aufbaut, die negative Energien abwehrt.

Diese Techniken bieten dir eine Vielzahl an Möglichkeiten, dich energetisch zu reinigen und zu stärken. Mit Klang, Meditation, Visualisierungen und Kristallen kannst du gezielt gegen negative Einflüsse vorgehen und dein Energiefeld harmonisieren.

Kapitel 4: Energetische Reinigung und Schutz im Alltag – Routinen, spezifische Anwendungen und Techniken zur Energieregulierung

Im bisherigen Verlauf haben wir die Grundlagen der energetischen Reinigung sowie verschiedene spezifische Techniken zur Harmonisierung deines Energiefelds besprochen. In diesem Kapitel wirst du lernen, wie du diese Techniken im Alltag anwendest, um deine Energie auch unter schwierigen Umständen aufrechtzuerhalten.

Wir widmen uns verschiedenen Alltagssituationen, wie zum Beispiel dem Umgang mit anderen Menschen und der täglichen Routine, um sicherzustellen, dass du stets im energetischen Gleichgewicht bleibst. Ein besonderer Fokus liegt auf Routinen zur Erhaltung positiver Energien und darauf, wie du dich in herausfordernden Umgebungen schützen kannst.

1. Der Aufbau positiver Energien im Alltag

Positivität und Energieaufbau sind entscheidend, um das Fundament für ein starkes energetisches Feld zu legen. Durch tägliche kleine Praktiken lässt sich dein Energiefeld stabilisieren und auf einem hohen Niveau halten. Das Bewusstsein für die eigenen Energien ist hierbei entscheidend – je mehr du deinen Energiefluss pflegst und stärkst, desto widerstandsfähiger wirst du gegenüber negativen Einflüssen.

Praktische Techniken zur Erhaltung positiver Energien

a) Morgenritual zur Energetisierung und Erdung

Ein Morgenritual hilft, dich auf den Tag vorzubereiten und dich energetisch zu erden.

- Beginne deinen Tag mit einer kurzen Achtsamkeitsmeditation oder Atemübung (wie die im Kapitel 2 behandelte Tiefenatmung), um deinen Körper und Geist auf den Tag vorzubereiten.

- Stell dir dabei vor, wie du Energie aus der Erde aufnimmst, die deinen Körper durchströmt und dich auflädt.

- Ergänze das Ritual durch das Setzen einer positiven Absicht für den Tag, z. B. „Heute werde ich jede Herausforderung mit Ruhe und Freude annehmen."

b) Kleine „Power-Check-Ins" im Tagesverlauf

Im Laufe des Tages verlieren wir oft Energie durch Stress oder Interaktionen mit anderen Menschen. Ein schneller „Power-Check-In" hilft, sich immer wieder neu zu zentrieren und aufzuladen.

- Nimm dir alle paar Stunden 2-3 Minuten, um in deinen Körper hineinzuspüren und ein paar tiefe Atemzüge zu nehmen.

- Stelle dir vor, wie du negative Energien bei jedem Ausatmen loslässt und frische Energie aufnimmst.

- Du kannst auch deine Hand auf dein Herz legen und für einen Moment deine innere Stärke aktivieren.

c) Abendroutine zur Reinigung

Am Ende des Tages ist es wichtig, alle energetischen Lasten loszulassen, die sich angesammelt haben.

- Führe eine kurze Visualisierung durch, bei der du dir vorstellst, wie du in ein warmes, beruhigendes Licht eingehüllt wirst, das alle negativen Energien abwäscht.

- Wenn du magst, kannst du eine einfache Atemübung durchführen oder einen Kristall wie Amethyst oder Rosenquarz verwenden, den du in der Hand hältst, um deinen Geist zu beruhigen und alte Energien loszulassen.

- Beende die Routine mit einem positiven Gedanken oder einer kleinen Dankbarkeitsübung, um deinen Tag abzuschließen.

2. Energetische Reinigung am Arbeitsplatz

Der Arbeitsplatz ist oft ein Ort, an dem wir verschiedenen Energien ausgesetzt sind. Stress, Leistungsdruck, unklare Kommunikation und unterschiedliche Emotionen anderer können auf unser Energiefeld übergreifen. Deshalb ist es wichtig, regelmäßig energetische Reinigungen durchzuführen, die dir helfen, den Tag frisch und klar zu beginnen und Belastungen abzuwehren.

Techniken zur energetischen Reinigung im Arbeitsumfeld

a) Der energetische Schutzschild für den Tag

Das Bild eines Schutzschilds ist eine kraftvolle Visualisierungstechnik, die es dir ermöglicht, einen schützenden Raum um dich herum aufzubauen.

- Setze dich morgens in Ruhe hin und visualisiere ein Lichtfeld oder eine schützende „Energiekugel" um dich herum.

- Stelle dir vor, dass diese Kugel alle negativen Einflüsse von außen abwehrt und nur positive Energien zu dir durchlässt.

- Wiederhole diese Visualisierung kurz in der Mittagspause oder wenn du das Gefühl hast, dass dein Schutzschild durch Stress abgenommen hat.

b) Die „Handflächenreinigung" für schnelle Entlastung

Negative Energien setzen sich oft in den Händen fest, insbesondere wenn wir viel am Computer arbeiten oder körperliche Arbeiten ausführen. Eine schnelle „Handflächenreinigung" kann helfen, diesen energetischen Überschuss zu beseitigen.

- Reibe deine Hände für einige Sekunden aneinander, bis sie warm werden.

- Lege sie dann flach auf deine Oberschenkel und stelle dir vor, wie alle negativen Energien in die Erde abgeleitet werden.

- Diese Übung ist unauffällig und kann mehrfach am Tag wiederholt werden.

c) Schutz durch ätherische Öle und Kristalle

Bestimmte Düfte und Kristalle unterstützen die Energiereinigung und fördern eine harmonische Atmosphäre im Arbeitsumfeld.

- Ätherische Öle wie Lavendel, Zitronengras oder Rosmarin sind ideal, um Stress zu reduzieren und eine klare Atmosphäre zu schaffen. Ein kleiner Diffusor auf dem Schreibtisch oder ein paar Tropfen auf einem Taschentuch können hier Wunder wirken.

- Trage einen kleinen Kristall wie schwarzen Turmalin oder Bergkristall bei dir. Diese Steine helfen dabei, negative Energien abzuwehren und Klarheit zu bewahren.

3. Energetische Schutztechniken im Umgang mit anderen Menschen

Zwischenmenschliche Beziehungen sind eine der größten Herausforderungen in Bezug auf energetische Hygiene. Menschen senden – bewusst oder unbewusst – ihre Emotionen, Ängste und Energien aus, die auf uns übergreifen können. Besonders empathische Menschen neigen dazu, die Gefühle und Energien anderer aufzunehmen. Im Folgenden lernst du Techniken, die dir helfen, deine Energie zu schützen und klare Grenzen zu setzen.

Techniken zum energetischen Schutz im zwischenmenschlichen Umgang

a) Der „Spiegel-Schutz" für energetische Abgrenzung

Eine einfache und effektive Technik, um negative Energien abzuwehren, ist die Visualisierung eines „Spiegels".

- Stell dir vor, dass du von einem unsichtbaren Spiegel umgeben bist, der alle negativen Energien reflektiert.

- Die positiven Energien können durchdringen, aber alles Negative wird zurückgeschickt, ohne dass du es aufnimmst.

- Besonders hilfreich ist diese Übung bei schwierigen Gesprächen oder wenn du dich von einer Person energetisch belastet fühlst.

b) Die Technik der „kugelförmigen Distanz"

Um dich vor energetischen Übergriffen zu schützen, kannst du eine symbolische Distanz schaffen, ohne körperlich Abstand zu halten.

- Stelle dir vor, dass um dich herum eine unsichtbare Kugel existiert, die nur dich schützt.

- Wenn du dich in einem Gespräch befindest, achte darauf, dass diese Kugel intakt bleibt und dich vor negativen Schwingungen schützt.

- Atme tief ein, um deine Verbindung zu deinem inneren Raum zu stärken, wenn du das Gefühl hast, dass jemand deine energetischen Grenzen überschreitet.

c) Praktische Anwendung von energetischen Abgrenzungstechniken in stressigen sozialen Umfeldern, besonders bei Familientreffen oder im Freundeskreis, wo oft viele Menschen auf engem Raum zusammenkommen, sind energetische Schutztechniken hilfreich.

- Bevor du dich in eine solche Situation begibst, aktiviere deinen Schutzschild (wie in Punkt 2.a beschrieben) und stelle dir vor, dass alle fremden Energien an diesem Schild abprallen.

- Verwende in stressigen Momenten die Visualisierung eines klaren Lichtstrahls, der von deinem Scheitelpunkt bis in die Erde reicht und dich zentriert.

- Schließe, falls möglich, kurz die Augen und verbinde dich mit deinem Atem, um dich auf dich selbst zurückzubesinnen.

4. Routinen zur täglichen Erhaltung des energetischen Gleichgewichts

Um deine energetische Gesundheit langfristig zu stärken und aufzubauen, sind regelmäßige Routinen zur Erhaltung des energetischen Gleichgewichts wichtig. Hierzu zählen tägliche Reinigungs- und Entspannungstechniken, die den Energiefluss unterstützen und dein Wohlbefinden stärken.

Techniken und Rituale zur täglichen Energiebalance

a) Morgenmeditation zur Zentrierung

Ein klarer Geist am Morgen kann dabei helfen, den Tag ruhig und konzentriert zu beginnen.

- Setze dich an einen ruhigen Platz und konzentriere dich auf deinen Atem.

- Stelle dir vor, dass mit jedem Atemzug positive Energie deinen Körper füllt und negative Schwingungen ausatmet.

- Verweile für etwa zehn Minuten in diesem Zustand und wiederhole eine positive Affirmation wie „Ich bin geschützt, ich bin stark."

b) Mittägliche Energiereinigung durch Wasser

Wasser kann eine starke Wirkung auf unsere energetische Hygiene haben. Eine einfache Handwaschung oder das Trinken von Wasser hilft, die eigene Energie aufzufrischen.

- Wasche dir in der Mittagspause die Hände und visualisiere, wie du dabei alle aufgesammelten Energien des Vormittags loslässt.

- Wenn möglich, trinke ein Glas klares Wasser und stelle dir vor, wie du dich damit von innen heraus reinigst.

c) Abendliche Visualisierung zur energetischen Entlastung

Das Visualisieren eines „Ablassens" ist eine sehr hilfreiche Methode, um alle energetischen Lasten des Tages loszulassen.

- Setze dich entspannt hin, schließe die Augen und stelle dir vor, dass du mit einem energetischen Band an der Erde verankert bist.

- Lasse alle Energien, die du loswerden möchtest, durch das Band in die Erde fließen, wo sie neutralisiert werden.

- Stelle dir abschließend vor, dass du in einem strahlenden Licht stehst, das dich von Kopf bis Fuß reinigt und in einen Zustand der Ruhe versetzt.

Diese Techniken bieten dir ein umfassendes Werkzeugset, um deine energetische Gesundheit im Alltag zu pflegen und zu stärken. Indem du diese Routinen und Übungen regelmäßig anwendest, wirst du nicht nur widerstandsfähiger gegen äußere Einflüsse, sondern erfährst auch ein tieferes Gefühl der Harmonie und Gelassenheit in deinem täglichen Leben.

Kapitel 5 konzentriert sich auf fortgeschrittene Techniken der energetischen Reinigung und Schutzmethoden. Dieses Kapitel behandelt die Anwendung von Affirmationen, Chakrenarbeit und spirituellen Ritualen zur langfristigen Aufrechterhaltung eines ausgeglichenen Energiefeldes.

Kapitel 5: Fortgeschrittene Techniken der energetischen Reinigung und Schutzmethoden

In den vorherigen Kapiteln haben wir grundlegende Techniken zur energetischen Reinigung und Schutzmethoden besprochen, die im Alltag hilfreich sind. Kapitel 5 befasst sich nun mit fortgeschrittenen Techniken, die tiefer in das Energiefeld und die spirituelle Ebene eindringen. Diese Methoden sind ideal für Personen, die eine langfristige Balance und ein hohes Maß an energetischer Reinheit und Schutz erreichen möchten.

Schwerpunkte dieses Kapitels sind die Arbeit mit Affirmationen, Chakrenarbeit und spirituellen Ritualen, die alle darauf abzielen, das eigene Energiefeld zu stabilisieren, zu reinigen und zu stärken.

1. Affirmationen: Die Kraft der Worte zur energetischen Reinigung und Stärkung

Affirmationen sind positiv formulierte Sätze, die durch häufige Wiederholung das Unterbewusstsein beeinflussen. Sie werden in der energetischen Reinigung eingesetzt, um alte Glaubenssätze und blockierende Energien aufzulösen und eine positive, stärkende Energie zu manifestieren. Das Besondere an Affirmationen ist, dass sie nicht nur mental wirken, sondern auch das energetische Feld beeinflussen.

Die richtige Formulierung von Affirmationen

Affirmationen entfalten ihre volle Wirkung, wenn sie im Präsens formuliert und positiv ausgedrückt sind. Anstatt „Ich werde frei von Angst sein", sagst du z. B. „Ich bin voller Frieden und Zuversicht." Dies setzt eine klare Intention und erschafft eine direkte, gegenwärtige Schwingung, die das Unterbewusstsein anspricht und gleichzeitig das Energiefeld beeinflusst.

Praktische Techniken zur Arbeit mit Affirmationen

a) Morgenaffirmationen für Klarheit und Schutz

Morgens ist unser Geist besonders empfänglich für positive Einflüsse. Affirmationen zur energetischen Reinigung und zum Schutz eignen sich hervorragend, um den Tag gestärkt und geschützt zu beginnen.

- Stehe aufrecht und atme tief ein und aus.

- Wiederhole einige Affirmationen wie „Ich bin voller Licht und Klarheit" oder „Ich bin geschützt und sicher".

- Stelle dir vor, wie die Worte durch deinen Körper strömen und eine Schutzhülle um dich bilden.

b) Abendaffirmationen zur Reinigung und Loslösung

Am Abend hilft es, Affirmationen zu verwenden, die dich dabei unterstützen, loszulassen und alle energetischen Belastungen des Tages abzugeben.

- Nimm dir ein paar Minuten, bevor du ins Bett gehst, und setze dich in eine ruhige Position.

- Sprich Affirmationen wie „Ich lasse alle Lasten des Tages los" oder „Mein Geist ist klar und frei von Belastungen".

- Stelle dir vor, wie die Worte alle Energien des Tages aus deinem System spülen.

c) Einsatz von Affirmationen zur gezielten Reinigung

Wenn du dich in einer stressigen Situation befindest oder eine spezifische energetische Blockade lösen möchtest, kannst du gezielt formulierte Affirmationen verwenden.

- Setze dich hin und visualisiere die Situation oder das Gefühl, dass du loslassen möchtest.

- Sprich eine Affirmation wie „Ich befreie mich von allen negativen Schwingungen" oder „Ich entscheide mich für Frieden und Harmonie."

- Wiederhole die Affirmation mehrmals und stelle dir vor, wie sie die Energie in dir umwandelt.

2. Chakrenarbeit: Energetische Reinigung und Aktivierung der Energiezentren

Die Chakren sind die sieben Hauptenergiezentren im Körper, die sowohl physische als auch emotionale und energetische Funktionen erfüllen. Jedes Chakra steuert spezifische Aspekte deines Lebens und ist mit bestimmten Farben und Eigenschaften verbunden. Die Chakrenarbeit konzentriert sich darauf, blockierte Energiezentren zu reinigen, zu aktivieren und auszubalancieren, um ein harmonisches Energiefeld zu schaffen.

Die sieben Hauptchakren und ihre Funktionen

1. Wurzelchakra (Muladhara): Verankert dich in der Welt, fördert Sicherheit und Stabilität.

2. Sakralchakra (Svadhisthana): Sitz der Emotionen, Kreativität und sexuellen Energie.

3. Solarplexuschakra (Manipura): Selbstwertgefühl, Wille und Kraft.

4. Herzchakra (Anahata): Liebe, Mitgefühl und Verbindung.

5. Halschakra (Vishuddha): Kommunikation, Selbstausdruck und Wahrheit.

6. Stirnchakra (Ajna): Intuition, Klarheit und Vorstellungskraft.

7. Kronenchakra (Sahasrara): Spirituelle Verbindung und Bewusstsein.

Praktische Techniken zur Chakrenarbeit

a) Meditation zur Chakra-Reinigung

Eine einfache, aber wirkungsvolle Methode zur Reinigung und Aktivierung der Chakren ist die Chakrameditation.

- Setze dich in eine ruhige Position und schließe die Augen.

- Visualisiere jedes Chakra nacheinander, beginnend beim Wurzelchakra bis hinauf zum Kronenchakra.

- Stelle dir vor, wie jedes Chakra in seiner spezifischen Farbe erstrahlt und gereinigt wird. Fühle, wie sich Blockaden lösen und die Energie frei fließt.

b) Visualisierung mit Farblicht

Farben sind eine wichtige Energiequelle, die direkt mit den Chakren verbunden ist. Visualisiere die Farben der Chakren, um sie zu aktivieren.

- Schließe die Augen und visualisiere rotes Licht im Bereich deines Wurzelchakras. Fühle die Wärme und Kraft dieses Lichts.

- Wiederhole diesen Prozess für jedes Chakra, während du zu seiner spezifischen Farbe übergehst (z. B. Orange für das Sakralchakra, Gelb für das Solarplexuschakra).

- Lass die Farben durch deinen Körper fließen und spüre, wie sich Harmonie und Balance ausbreiten.

c) Klang- und Frequenzarbeit mit den Chakren

Jedes Chakra ist mit einem spezifischen Klang oder einer Frequenz verbunden. Diese Töne helfen, die Chakren auszubalancieren und die Energie zu aktivieren.

- Verwende Klänge wie „Lam" für das Wurzelchakra, „Vam" für das Sakralchakra, usw.

- Wiederhole den Klang in einer ruhigen Umgebung und spüre, wie die Schwingung das entsprechende Chakra öffnet und reinigt.

3. Spirituelle Rituale zur energetischen Reinigung und Schutz

Spirituelle Rituale sind kraftvolle Methoden, um sich tiefgreifend von negativen Einflüssen zu befreien und das eigene Energiefeld zu stärken. Sie haben oft eine heilende, stärkende und beruhigende Wirkung und schaffen eine tiefe Verbindung zu deinem inneren Selbst und zur spirituellen Ebene. Rituale sind besonders wirksam, um dich vor energetischen Angriffen zu schützen und ein dauerhaftes energetisches Gleichgewicht aufrechtzuerhalten.

Praktische spirituelle Rituale

a) Räucherritual zur Reinigung von Raum und Aura

Räucherungen mit Kräutern und Harzen sind eine der ältesten Formen der energetischen Reinigung. Sie klären die Umgebung und dein Energiefeld von negativen Schwingungen.

- Wähle ein Kraut oder Harz wie Salbei, Weihrauch oder Sandelholz.

- Zünde es an und gehe langsam mit dem Rauch durch den Raum oder um dich herum. Visualisiere, wie der Rauch alle negativen Energien auflöst und frische, positive Energie hinterlässt.

- Verweile einige Minuten in der Klarheit und Frische, die der Rauch hinterlässt.

b) Kristallritual zur Stärkung der Energie und zum Schutz

Kristalle haben eine starke energetische Wirkung und sind wunderbare Werkzeuge zur Verstärkung des Energiefeldes. Sie helfen, das Energiefeld zu klären und eine Schutzbarriere aufzubauen.

- Wähle Kristalle wie Amethyst, Rosenquarz oder schwarzen Turmalin, je nachdem, welchen Schutz oder welche Reinigung du benötigst.

- Halte den Kristall in deinen Händen und stelle dir vor, wie er deine Energie aufnimmt und reinigt.

- Platziere den Kristall in deiner Nähe oder trage ihn bei dir, um eine Schutzschicht um dich zu erhalten.

c) Vollmondritual zur Entlastung und Neuorientierung

Der Vollmond ist eine besonders starke Zeit für energetische Rituale. Er verstärkt die Reinigungsenergie und hilft dabei, Loszulassen und das eigene Energiefeld zu erneuern.

- Stelle dich während des Vollmonds an einen ruhigen Ort im Freien oder an ein Fenster mit direktem Blick auf den Mond.

- Schließe die Augen und visualisiere, wie das Mondlicht dich durchdringt und alle negativen Energien aus dir herauszieht.

- Stelle dir vor, dass das Licht des Mondes dich stärkt und reinigt, und fühle dich danach befreit und klar.

4. Langfristige Anwendung und Routinen zur energetischen Balance

Neben den speziellen Techniken und Ritualen gibt es Möglichkeiten, eine dauerhafte Balance im Alltag zu pflegen. Indem du bestimmte Routinen entwickelst, kannst du dein Energiefeld langfristig stabil halten.

Praktische Langzeitmethoden zur Energiebalance

a) Wöchentliche Energieklarheit durch Tagebuchführung

Ein Tagebuch hilft dir, deine Energie im Blick zu behalten und energetische Veränderungen zu reflektieren.

- Schreibe wöchentlich über deine Gefühle, Erlebnisse und Energien, die du wahrgenommen hast.

- Notiere, welche Methoden gut funktioniert haben, und passe deine Praktiken entsprechend an.

- Diese Reflexion hilft dir, energetische Muster zu erkennen und gezielt darauf zu reagieren.

b) Monatliche Reinigung des Zuhauses

Das Zuhause ist der Raum, in dem wir die meiste Zeit verbringen, und es speichert viele Energien. Eine monatliche Reinigung hilft, alte Schwingungen loszulassen und eine frische Atmosphäre zu schaffen.

- Verwende Räucherwerk, ätherische Öle oder Salzwasser, um die Räume energetisch zu reinigen.

- Visualisiere, wie frische Energie in jeden Raum strömt und alle negativen Einflüsse beseitigt.

- Dies schafft eine regelmäßige, harmonische Atmosphäre in deinem Zuhause.

c) Energiearbeit durch Bewegung und Tanz

Körperliche Bewegung ist eine großartige Methode, um energetische Blockaden zu lösen und das Energiefeld zu stärken.

- Tanze einmal wöchentlich zu deiner Lieblingsmusik, um deine Energie zum Fließen zu bringen.

- Fühle dabei, wie du negative Energien abschüttelst und deinen Körper befreist.

- Diese Art der Bewegung fördert Leichtigkeit und stärkt deine Verbindung zu dir selbst.

Fazit

In diesem Kapitel hast du fortgeschrittene Techniken zur energetischen Reinigung und zum Schutz kennengelernt, die du in deinem Alltag anwenden kannst. Durch die Arbeit mit Affirmationen, Chakren und spirituellen Ritualen sowie die langfristige Pflege deiner Energiebalance wirst du in der Lage sein, ein starkes, schützendes Energiefeld aufzubauen.

Indem du diese Techniken regelmäßig und mit Bewusstsein anwendest, wirst du eine tiefe Klarheit und Gelassenheit finden und dir selbst auf energetischer Ebene umfassenden Schutz und Stabilität bieten.

Hochwertige Kristalle, Edelsteine und Räucherware wie auch Zubehör erhältst du unter:

www.lebensfreudeverlag.de

Kapitel 6: Energetische Transformation und spirituelle Entwicklung – Tiefe Reinigung, positives Raumklima und die Entfaltung des höheren Bewusstseins

Mit den bisherigen Kapiteln hast du Werkzeuge und Techniken zur energetischen Reinigung und Schutzmethoden erlernt, die dir im Alltag helfen, deine Energie im Gleichgewicht zu halten und dich vor negativen Einflüssen zu schützen. In Kapitel 6 gehen wir einen Schritt weiter und tauchen in die Konzepte der energetischen Transformation, spirituellen Entwicklung und des höheren Bewusstseins ein.

Diese fortgeschrittenen Methoden unterstützen dich dabei, langfristige, positive Energieräume zu erschaffen – in deinem Zuhause, am Arbeitsplatz und in deinem eigenen Geist und Körper. Du wirst lernen, wie du positive Energie dauerhaft anziehst und ein spirituell erfülltes Leben führen kannst, das von innerem Frieden und tiefer Klarheit geprägt ist.

1. Die Bedeutung der energetischen Transformation in der persönlichen Entwicklung

Energetische Transformation ist der Prozess, bei dem negative Energien nicht nur gereinigt, sondern in positive, stärkende Energie umgewandelt werden. Diese Transformation geht Hand in Hand mit der persönlichen und spirituellen Entwicklung. Indem du deine Energie auf einer tiefen Ebene wandelst, veränderst du deine Schwingung und ziehst positive Umstände, harmonische Beziehungen und innere Erfüllung an.

Die Schichten der energetischen Transformation

Die energetische Transformation erfolgt in verschiedenen Schichten. Jede Schicht trägt dazu bei, deine Energie auf einer tieferen Ebene zu reinigen und zu wandeln.

1. Physische Ebene: Durch Reinigungstechniken, Bewegung und bewusstes Körperbewusstsein werden auf dieser Ebene Blockaden abgebaut, die sich in physischen Spannungen und Unwohlsein manifestieren können.

2. Emotionale Ebene: Emotionen wie Angst, Wut oder Trauer können sich tief im Energiefeld festsetzen. Durch den Prozess der energetischen Transformation lernst du, diese Emotionen aufzulösen und in Liebe, Mitgefühl und Freude umzuwandeln.

3. Mentale Ebene: Negative Gedankenmuster und Überzeugungen beeinflussen deine Energie auf der mentalen Ebene. Die Umwandlung dieser Gedanken in stärkende, positive Überzeugungen bringt Klarheit und innere Ruhe.

4. Spirituelle Ebene: Hier findet die Verbindung zum höheren Selbst und zu deinem Bewusstsein statt. Die energetische Transformation auf dieser Ebene ermöglicht tiefe spirituelle Einsichten und führt zu einem Zustand von innerem Frieden und Einheit.

2. Techniken zur tiefen energetischen Transformation

Um eine nachhaltige energetische Transformation zu erreichen, sind regelmäßige Übungen und Praktiken erforderlich. Hier sind einige Techniken, die dich dabei unterstützen, deine Energie auf allen Ebenen zu transformieren und in eine neue Schwingung von Positivität und Klarheit einzutreten.

Praktische Techniken zur energetischen Transformation

a) Atem der Transformation

Der Atem der Transformation ist eine tiefe Atemtechnik, die negative Energien auflösen und in positive Schwingungen umwandeln kann.

- Atme tief ein und halte den Atem für einige Sekunden. Stelle dir vor, dass du dabei alle negativen Energien und Spannungen sammelst.

- Atme dann kräftig und mit einem kraftvollen Stoß durch den Mund aus, und visualisiere, wie du negative Energien loslässt und positive Energie aufnimmst.

- Wiederhole diesen Vorgang mehrmals, bis du spürst, dass sich deine Energie gewandelt hat und du dich leichter fühlst.

b) Tiefenmeditation zur Transformation alter Muster

In dieser Meditation gehst du bewusst in die Tiefe und löst alte Glaubensmuster und emotionale Blockaden auf.

- Setze dich in eine bequeme Position und schließe die Augen. Atme ruhig ein und aus.

- Stelle dir vor, dass du zu deinem höheren Selbst aufsteigst, das über deine alltäglichen Gedanken und Emotionen hinausgeht.

- Visualisiere ein goldenes Licht, das deine Blockaden und negativen Muster erkennt und sanft auflöst.

- Fühle, wie diese Muster transformiert werden und du in einen Zustand von innerem Frieden und neuer Klarheit eintrittst.

c) Arbeit mit positiven Schwingungen

Setze bewusst Techniken ein, um positive Schwingungen in deinem Alltag zu verankern.

- Wiederhole Affirmationen wie „Ich bin in meiner höchsten Schwingung" oder „Ich wandle jede negative Energie in Freude und Frieden".

- Stell dir vor, wie diese Worte dein Energiefeld stärken und negative Schwingungen in Licht und positive Energie verwandeln.

3. Das Erschaffen und Halten von positiven Energieräumen

Positive Energieräume spielen eine wichtige Rolle in der Erhaltung deines eigenen Energiefeldes. Unser Zuhause, der Arbeitsplatz und andere Umgebungen, in denen wir uns häufig aufhalten, können Energien speichern, die entweder unterstützend oder belastend wirken. Um dich in deiner Umgebung wohlzufühlen, ist es wichtig, Räume zu schaffen, die positive Energie anziehen und negative Schwingungen abweisen.

Schritte zur Schaffung positiver Energieräume

a) Klare Intention für den Raum setzen

Bevor du beginnst, deinen Raum energetisch zu reinigen, setze eine klare Absicht, welche Art von Energie du in diesem Raum haben möchtest.

- Wähle eine Intention, die deinen Raum beschreibt, z. B. „Dieser Raum ist ein Ort der Ruhe und Heilung" oder „In diesem Raum herrschen Freude und Leichtigkeit."

- Diese Absicht wirkt wie eine energetische Programmierung und zieht entsprechende Schwingungen an.

b) Reinigung durch Räucherungen und ätherische Öle

Räucherungen sind eine kraftvolle Methode, um Räume zu klären und zu reinigen. Sie vertreiben stagnierende Energien und schaffen eine frische, klare Atmosphäre.

- Verwende Kräuter wie Salbei, Palo Santo oder Weihrauch, um den Raum energetisch zu reinigen. Zünde das Kraut an und gehe langsam durch den Raum, wobei du den Rauch in jede Ecke lenkst.

- Ätherische Öle wie Lavendel, Zitrone oder Pfefferminze können ebenfalls verwendet werden, um eine harmonische Atmosphäre zu schaffen. Verwende einen Diffusor oder sprühe das Öl in den Raum.

c) Raum mit Kristallen stärken

Kristalle haben die Fähigkeit, Energie zu speichern und abzustrahlen, und können das Energiefeld eines Raumes harmonisieren.

- Lege einen klaren Quarz in die Mitte des Raumes, um Klarheit und Reinheit zu fördern. Rosenquarz sorgt für eine Atmosphäre der Liebe, und schwarzer Turmalin schützt vor negativen Einflüssen.

- Reinige die Kristalle regelmäßig unter fließendem Wasser oder in der Sonne, um ihre Energie frisch zu halten.

d) Licht und Farben bewusst einsetzen

Licht und Farben haben eine direkte Wirkung auf unser Energiefeld und die Atmosphäre in einem Raum.

- Natürliche Lichtquellen wie Fenster, Kerzen oder Sonnenlicht wirken sich positiv auf die Energie aus und lassen frische Schwingungen in den Raum strömen.

- Wähle Farben, die die gewünschte Energie widerspiegeln. Grün und Blau fördern Ruhe und Harmonie, während Gelb und Orange Lebendigkeit und Wärme ausstrahlen.

4. Höheres Bewusstsein und spirituelle Entwicklung

Der letzte Schritt in der energetischen Transformation und im Erschaffen positiver Energieräume ist die Verbindung zu deinem höheren Bewusstsein. Höheres Bewusstsein bezieht sich auf das Verständnis und die Wahrnehmung, dass wir mehr sind als nur unser physischer Körper und unsere Gedanken. Indem du dich mit deinem höheren Bewusstsein verbindest, erlangst du tiefere Einsichten, stärkst deine Intuition und erfährst eine tiefe innere Ruhe.

Hochwertige Kristalle, Edelsteine und Räucherware wie auch Zubehör erhältst du unter:

www.lebensfreudeverlag.de

Techniken zur Entfaltung des höheren Bewusstseins

a) Meditation zur Verbindung mit dem höheren Selbst

Diese Meditation hilft dir, eine direkte Verbindung zu deinem höheren Bewusstsein aufzubauen und dein spirituelles Verständnis zu vertiefen.

- Setze dich in eine aufrechte Position und schließe die Augen.

- Atme ruhig ein und aus, und visualisiere, wie ein Lichtstrahl von deinem Herzen aus in den Raum über dir steigt.

- Stelle dir vor, dass dein höheres Selbst in diesem Lichtstrahl auf dich zukommt. Fühle die Ruhe und das Verständnis, das dein höheres Selbst dir schenkt.

- Nimm die Botschaften und Einsichten deines höheren Selbst wahr und lasse sie in dich hineinfließen.

b) Intuitives Schreiben zur Erkenntnis innerer Weisheiten

Intuitives Schreiben ist eine Methode, um mit deinem Unterbewusstsein und deinem höheren Bewusstsein in Kontakt zu treten.

- Nimm ein leeres Blatt Papier und setze dich an einen ruhigen Ort.

- Stelle eine Frage, auf die du gerne eine Antwort hättest, wie z. B. „Wie kann ich inneren Frieden finden?" oder „Was ist meine Lebensaufgabe?"

- Lasse deine Hand schreiben, ohne bewusst nachzudenken. Die Antworten werden intuitiv fließen und dir Einsicht geben.

c) Visualisierung der Verbindung mit dem Universum

Diese Visualisierung fördert die spirituelle Verbindung zum Universum und erweitert dein Bewusstsein.

- Schließe die Augen und stelle dir vor, dass du in einem Raum aus Sternenlicht stehst. Fühle, wie du mit allen Sternen und Planeten verbunden bist.

- Stelle dir vor, wie du von einem Lichtstrahl durchströmt wirst, der von den Sternen zu dir fließt.

- Nimm die Botschaft und die Energie des Universums in dich auf und spüre die Verbundenheit, die weit über dein alltägliches Dasein hinausgeht.

5. Integration der energetischen Transformation in dein Leben

Die energetische Transformation und die spirituelle Entwicklung sind keine einmaligen Ereignisse, sondern ein Prozess, der Zeit und Hingabe erfordert. Indem du diese Praktiken in deinen Alltag integrierst, schaffst du eine dauerhafte Veränderung, die sich auf alle Aspekte deines Lebens auswirkt. Hier sind einige Routinen, die dir helfen, deine spirituelle Entwicklung zu festigen und dein Energiefeld im Gleichgewicht zu halten.

Langfristige Methoden zur Integration der energetischen Transformation

a) Regelmäßige Energiechecks und Reflexion

Führe wöchentliche Energiechecks durch, um deine Fortschritte und Veränderungen zu erkennen.

- Nimm dir am Ende jeder Woche Zeit, um über deine Energie und dein Wohlbefinden nachzudenken. Was hat sich verändert? Wo spürst du mehr Frieden und Klarheit?

- Führe ein Tagebuch, um deine Gedanken und Einsichten festzuhalten. Dies hilft dir, Muster zu erkennen und deine Entwicklung bewusst zu erleben.

b) Monatliches Reinigungs- und Transformation-Ritual

Ein monatliches Ritual zur Reinigung und Transformation hilft dir, negative Energien loszulassen und dich auf die kommenden Wochen vorzubereiten.

- Führe ein Ritual mit Kerzen, Räucherwerk und Kristallen durch, um deinen Raum und dein Energiefeld zu reinigen.

- Setze eine Intention für den nächsten Monat und visualisiere, wie du alle Blockaden loslässt und positive Energien in deinem Leben willkommen heißt.

c) Kontinuierliches Lernen und Wachsen

Spirituelle Entwicklung ist ein fortlaufender Prozess. Lese Bücher, besuche Kurse und lerne kontinuierlich neue Methoden zur energetischen Arbeit und spirituellen Entfaltung kennen.

- Besuche spirituelle Workshops oder nimm an Kursen teil, um dein Wissen zu vertiefen und dich mit anderen auf dem gleichen Weg zu vernetzen.

- Tausche dich regelmäßig mit Menschen aus, die ebenfalls an ihrer energetischen Transformation arbeiten. Gemeinsam könnt ihr voneinander lernen und euch gegenseitig stärken.

Fazit

Du hast gelernt, wie du deine Energie nicht nur reinigst, sondern aktiv transformierst, um ein Leben voller Klarheit, Frieden und Freude zu führen. Indem du positive Energieräume in deinem Umfeld erschaffst und dich mit deinem höheren Bewusstsein verbindest, öffnest du dich für ein höheres Schwingungsfeld und ein tieferes spirituelles Verständnis. Diese Praktiken werden dir helfen, ein harmonisches Leben zu führen und deine wahre Essenz zu entdecken.

Kapitel 7: Langfristige Integration energetischer und spiritueller Techniken für ein erfülltes und harmonisches Leben

Die Techniken zur energetischen Reinigung und spirituellen Entwicklung, die du in den vorherigen Kapiteln kennengelernt hast, sind kraftvolle Werkzeuge, die dir helfen, dein Leben im Gleichgewicht und voller positiver Energie zu halten. In diesem Kapitel gehen wir darauf ein, wie du diese Praktiken langfristig in deinen Alltag integrieren und eine Lebensweise aufbauen kannst, die deine energetische Gesundheit, dein emotionales Wohlbefinden und deine spirituelle Entwicklung unterstützt.

Langfristige Integration bedeutet, Routinen und Rituale zu schaffen, die nachhaltig wirken und dir helfen, auch in schwierigen Phasen ausgeglichen zu bleiben. Wir widmen uns dabei den Gewohnheiten, die du täglich pflegen kannst, den Techniken, um energetische Hygiene und spirituelle Klarheit zu wahren, und den Schritten zur Erreichung deines vollen Potenzials.

1. Alltägliche Gewohnheiten zur Erhaltung positiver Energien

Die Grundlage für ein harmonisches Leben ist die tägliche Pflege und Stabilisierung des eigenen Energiefeldes. Wenn du regelmäßig kleine Praktiken einbaust, wirst du feststellen, dass du im Alltag ruhiger, ausgeglichener und widerstandsfähiger gegenüber negativen Einflüssen bleibst. Diese Gewohnheiten müssen nicht zeitaufwendig sein – wichtig ist ihre Konstanz und bewusste Umsetzung.

Morgendliche Routinen für einen kraftvollen Start

Ein kraftvoller und positiver Start in den Tag legt die Basis für dein Wohlbefinden und dein Energieniveau. Deine Morgenroutine sollte eine Mischung aus energetischen Übungen, Affirmationen und Achtsamkeit enthalten, um dich auf den Tag vorzubereiten.

- Atemübung zur Zentrierung und Aktivierung: Starte deinen Tag mit einer kurzen Atemübung. Setze dich aufrecht hin, schließe die Augen und nimm einige tiefe Atemzüge. Stelle dir dabei vor, dass du beim Einatmen positive Energie aufnimmst und beim Ausatmen alle negativen Schwingungen loslässt.

- Schutzaffirmation setzen: Nutze Affirmationen wie „Ich bin von positiver Energie umgeben und geschützt", um dich energetisch zu stärken. Die regelmäßige Wiederholung dieser Affirmation schafft eine mentale und energetische Grundlage, die dich den Tag über begleitet.

- Meditation für Klarheit und Fokus: Führe eine kurze Meditation durch, bei der du dich auf deinen Atem oder ein Visualisierungsbild konzentrierst. Diese Methode hilft, den Geist zu klären und deine Aufmerksamkeit auf den bevorstehenden Tag auszurichten.

Achtsame Energiepflege im Tagesverlauf

Im Laufe des Tages sind wir unweigerlich verschiedenen Energien ausgesetzt – sei es durch zwischenmenschliche Interaktionen, Stresssituationen oder Umwelteinflüsse. Kleine „Energiepausen" sind nützlich, um dein Energiefeld wieder zu stabilisieren.

- Mini-Check-Ins: Nimm dir alle paar Stunden Zeit, in deinen Körper hineinzuspüren und bewusst zu atmen. Lasse dabei alle aufgestauten Energien los und erlaube dir, dich zu erden.

- Handflächenreinigung: Unsere Hände sind oft in Kontakt mit verschiedenen energetischen Einflüssen. Spüle sie zwischendurch mit kaltem Wasser ab und stelle dir vor, wie negative Schwingungen fortgespült werden. Diese Technik ist simpel, aber sehr wirksam, um zwischendurch energetisch „sauber" zu bleiben.

- Visualisierung eines Schutzschilds: Gerade in anstrengenden oder emotional intensiven Situationen kann es hilfreich sein, sich ein unsichtbares Schutzschild vorzustellen, das dich umgibt und negative Energien abweist. Stelle dir dabei vor, dass das Schild alle fremden Einflüsse reflektiert und dich in deiner eigenen positiven Energie hält.

Abendliche Rituale zur Reinigung und Entspannung

Am Ende des Tages ist es wichtig, das Energiefeld zu klären und alle Energien loszulassen, die sich angesammelt haben. Ein abendliches Reinigungsritual hilft dir, wieder in Balance zu kommen und mit einem klaren, ruhigen Geist zur Ruhe zu kommen.

- Salzbad oder Fußbad zur energetischen Reinigung: Salz hat eine reinigende Wirkung auf das Energiefeld und hilft, negative Schwingungen zu neutralisieren. Ein Salzbad am Abend, oder alternativ ein Fußbad, ist eine hervorragende Methode, um alle Lasten des Tages abzugeben.

- Dankbarkeitsmeditation: Schließe den Tag mit einer kurzen Meditation ab, in der du deine Aufmerksamkeit auf die Dinge richtest, für die du dankbar bist. Diese Praxis erzeugt eine positive Schwingung und hilft, den Tag auf harmonische Weise abzuschließen.

- Reflexion und Entlastung: Schreibe in ein Tagebuch, was dir im Laufe des Tages energetisch und emotional begegnet ist. Diese Reflexion hilft dir, Muster zu erkennen und bewusst loszulassen.

2. Balance zwischen energetischem Schutz und spiritueller Offenheit

Einer der wichtigsten Aspekte der langfristigen energetischen Gesundheit ist das Gleichgewicht zwischen Schutz und Offenheit. Während energetischer Schutz wichtig ist, um dich vor negativen Einflüssen zu bewahren, ist es genauso wichtig, offen für positive Energien und spirituelle Erfahrungen zu bleiben.

Dieses Gleichgewicht hilft dir, einerseits aufnahmefähig für spirituelle Einsichten zu bleiben und andererseits stabil im Alltag zu agieren.

Praktiken zur Aufrechterhaltung der Balance

a) Regelmäßige Erdung für Stabilität

Erdung ist ein essenzieller Schritt, um in deinem eigenen Körper und Geist zentriert zu bleiben. Wenn du geerdet bist, wirst du feststellen, dass negative Einflüsse weniger Auswirkungen auf dich haben und du stärker in deinem eigenen Energiefluss bleibst.

- Stell dir vor, dass du energetisch mit der Erde verbunden bist, wie Wurzeln, die von deinen Füßen aus in den Boden reichen. Diese Erdung gibt dir Stabilität und unterstützt dich darin, negative Einflüsse abzuwehren.

- Nutze Erdungsübungen täglich, besonders an Tagen, an denen du dich überfordert oder ausgelaugt fühlst.

b) Gezieltes Arbeiten mit der Herzenergie

Das Herzchakra ist der Sitz der Liebe und des Mitgefühls, aber auch eine zentrale Verbindung zu höheren Schwingungen. Indem du deine Herzenergie stärkst, wirst du nicht nur im zwischenmenschlichen Umgang offener und liebevoller, sondern auch energetisch stabiler.

- Praktiziere Herzmeditationen, bei denen du Liebe und Mitgefühl durch dein Herz strömen lässt.

- Stelle dir vor, dass deine Herzenergie sich wie eine warme, einladende Blase um dich ausdehnt und dich mit positiven Schwingungen umhüllt.

c) Schaffung von energetischen Grenzen

Energetische Offenheit erfordert das Wissen, wie und wann du deine Energie abgrenzt. Besonders in intensiven Umgebungen ist es wichtig, klare energetische Grenzen zu setzen, um deine Energie zu schützen, während du offen für positive Einflüsse bleibst.

- Entwickle das Bewusstsein, in welchen Situationen du deine Energie schützen musst, und setze diese Grenzen bewusst, indem du Visualisierungen oder Affirmationen verwendest.

- Wiederhole Affirmationen wie „Ich entscheide, welche Energien mich erreichen" oder „Ich bin geschützt und offen für das Gute".

3. Lebensverändernde Gewohnheiten zur Erhaltung positiver Energien

Langfristige positive Gewohnheiten stärken das Energiefeld, fördern die spirituelle Entwicklung und tragen zur Selbstverwirklichung bei. Mit einem klaren Fokus auf gesunde, energetisch nachhaltige Gewohnheiten kannst du dein Leben so gestalten, dass du in Harmonie und Balance bleibst.

Ernährung und Hydration

Der Körper ist der Träger deines Energiefeldes, und was du zu dir nimmst, hat einen direkten Einfluss auf dein Energieniveau. Eine bewusste Ernährung und ausreichende Flüssigkeitszufuhr helfen, dein Energiefeld zu stabilisieren und deine Schwingung zu erhöhen.

- Achte auf eine ausgewogene Ernährung mit frischen, natürlichen Lebensmitteln. Vermeide schwere, verarbeitete Lebensmittel, die das Energiefeld belasten können.

- Trinke täglich ausreichend Wasser, um deinen Körper zu reinigen und die Energie im Fluss zu halten. Wasser wirkt als natürlicher Reiniger und unterstützt den Körper bei der Entgiftung.

Bewegung und körperliche Aktivität

Bewegung hilft, Blockaden zu lösen und die Energie in deinem Körper frei fließen zu lassen. Regelmäßige körperliche Aktivität fördert die Durchblutung und verbessert die Verbindung zwischen Körper und Geist.

- Finde eine Bewegungsform, die dir Freude bereitet, sei es Yoga, Tanzen, Spazierengehen oder Joggen. Durch Bewegung wirst du dich lebendiger und energetischer fühlen.

- Nutze spezielle Bewegungsformen wie Qi Gong oder Tai-Chi, um die Energiezentren gezielt zu aktivieren und das Energiefeld zu harmonisieren.

Bewusster Umgang mit sozialen Kontakten

Zwischenmenschliche Beziehungen haben einen großen Einfluss auf unser Energiefeld. Es ist wichtig, bewusst mit den Menschen umzugehen, die uns nahe sind, und zu lernen, wie wir energetische Grenzen in sozialen Kontexten setzen können.

- Achte darauf, wie du dich in der Nähe bestimmter Menschen fühlst. Setze Grenzen, wenn du das Gefühl hast, dass jemand deine Energie negativ beeinflusst.

- Pflege Beziehungen, die dir Freude und Kraft geben, und vermeide – soweit möglich – negative Kontakte, die dein Energiefeld schwächen.

Spirituelle Weiterentwicklung und kontinuierliches Lernen

Um deine spirituelle Entwicklung fortzusetzen und deine energetische Gesundheit langfristig zu fördern, ist es wichtig, dich kontinuierlich weiterzubilden und offen für neue Erkenntnisse zu bleiben.

- Lies Bücher, nimm an Seminaren teil oder praktiziere spirituelle Übungen, die deine Energie und dein Bewusstsein weiter stärken.

- Setze dir spirituelle Ziele, um dich in deiner Entwicklung weiterzuentwickeln. Ziele können das Erlernen einer neuen Meditationstechnik, die Auseinandersetzung mit einem bestimmten spirituellen Thema oder die Vertiefung deiner intuitiven Fähigkeiten sein.

4. Der Weg zur Selbstverwirklichung durch kontinuierliche energetische Hygiene

Die Techniken zur energetischen und spirituellen Reinigung und Pflege, die du erlernt hast, sind nicht nur dazu gedacht, das Energiefeld sauber zu halten – sie dienen auch dazu, dich in deiner Selbstverwirklichung zu unterstützen. Ein stabiles und reines Energiefeld ist die Basis für persönliche Erfüllung, Kreativität und die Umsetzung deiner Lebensziele.

Die Verbindung zwischen energetischer Reinheit und Selbstverwirklichung

Selbstverwirklichung bedeutet, das eigene Potenzial zu leben und sich in Übereinstimmung mit der eigenen Seele zu entfalten.

Indem du dich energetisch reinhältst und deinen Geist und Körper in Einklang bringst, erschaffst du eine Umgebung, die dir erlaubt, deine Ziele und Träume zu erreichen.

- Setze dir klare Ziele, die deinem wahren Wesen entsprechen und dich in deiner Entwicklung unterstützen. Ein sauberes Energiefeld stärkt deine Entschlossenheit und Klarheit.

- Nutze regelmäßig Techniken wie Visualisierungen und Manifestationen, um deine Visionen und Ziele in die Realität zu holen. Ein starkes Energiefeld hilft dir dabei, die dafür notwendigen Schritte klar zu sehen und umzusetzen.

Praktiken zur Stärkung des inneren Gleichgewichts und der Resilienz

Langfristige energetische Hygiene bedeutet auch, Resilienz zu entwickeln und sich gegen äußere und innere Herausforderungen zu wappnen. Der Aufbau innerer Stärke hilft dir, dich in stressigen Situationen zentriert und fokussiert zu bleiben.

- Setze Meditation und Atemübungen regelmäßig ein, um dich zu zentrieren und dein inneres Gleichgewicht zu stärken.

- Verwende Techniken wie das bewusste Setzen von Absichten, um deinen Fokus auf das Positive zu lenken und deine Energie auf deine Ziele auszurichten.

Indem du die hier beschriebenen Techniken in deinen Alltag integrierst, schaffst du eine solide Grundlage für ein Leben in Balance, Harmonie und Selbstverwirklichung. Die Integration dieser Praktiken ist ein fortlaufender Prozess, der dich zu einer immer stärkeren und erfüllteren Version deiner selbst werden lässt.

Soul-Master-Circle-Coaching

... Deine ultimative Reise zur Transformation, Selbstverwirklichung und ganzheitlichem Erfolg

Du hast bereits mit diesem Buch und deinen bisherigen Erfahrungen großartige Fortschritte gemacht und wichtige Werkzeuge kennengelernt, um dein Energiefeld zu reinigen, dich zu schützen und dein Bewusstsein zu erweitern.

Aber vielleicht spürst du, dass es noch tiefer gehen kann. Das Soul-Master-Circle-Coaching ist ein intensives, tiefgreifendes Programm, das speziell dafür entwickelt wurde, dich vollständig in dein authentisches Selbst zu führen, deine innere Freiheit zu entfalten und dich von allem zu befreien, was dich bisher zurückgehalten hat.

Dieses exklusive Coaching ist nicht nur eine Unterstützung für den Alltag, sondern eine ganzheitliche Reise, die dir hilft, alte Glaubenssätze zu überwinden, sicher und souverän in allen Lebenslagen zu agieren und ein Leben voller Erfüllung, Glück und Wohlstand zu führen. Lass uns gemeinsam erkunden, was dich im Soul-Master-Circle-Coaching erwartet und welche Veränderungen es in deinem Leben bewirken kann.

1. Mit deiner Vergangenheit abschließen und alte Glaubenssätze hinter dir lassen

Die Herausforderung:

Jeder von uns trägt Glaubenssätze und Überzeugungen in sich, die in der Vergangenheit verwurzelt sind und uns oft zurückhalten. Oft sind diese Überzeugungen das Ergebnis von Prägungen aus Kindheit, Erziehung oder vergangenen Beziehungen und wirken unbewusst auf unser heutiges Leben ein. Sie beeinflussen, wie wir uns selbst und die Welt sehen, und führen dazu, dass wir in bestimmten Bereichen immer wieder die gleichen Muster erleben, ob im Beruf, in Beziehungen oder in unserem Selbstwert.

Der Ansatz im Coaching:

Im Soul-Master-Circle-Coaching lernst du effektive Techniken zur Auflösung alter Glaubensmuster. In einem sicheren, unterstützenden Raum wirst du Methoden an-wenden, die dir helfen, tief verankerte Überzeugungen zu identifizieren, zu verstehen und dann Schritt für Schritt loszulassen. Besonders wirkungsvoll sind dabei Tools wie die Gedanken-Neuordnung, bei der du lernst, neue positive Überzeugungen in dein Leben zu integrieren, sowie innere Kind-Arbeit, die dir hilft, alte emotionale Verletzungen zu heilen und dein Selbstvertrauen aufzubauen.

Ergebnisse und Transformation:

Wenn du diese Blockaden löst, wirst du spüren, wie sich eine enorme Leichtigkeit in deinem Leben entfaltet. Beziehungen werden harmonischer, dein berufliches Potenzial wird deutlicher und deine Sicht auf dich selbst wird positiver und freier. Die Vergangenheit verliert ihren Einfluss, und du kannst dich mit Klarheit und innerem Frieden auf das Jetzt und die Zukunft fokussieren.

2. Sicher und souverän jede Situation und Krise meistern

Die Herausforderung:

Das Leben bringt immer wieder Herausforderungen und unerwartete Wendungen. Ob berufliche Unsicherheiten, finanzielle Engpässe, familiäre Spannungen oder persönliche Krisen – oft neigen wir dazu, uns in diesen Momenten von Angst, Zweifel oder Hilflosigkeit leiten zu lassen. Aber was wäre, wenn du diese Situationen mit innerer Ruhe und Selbstsicherheit angehen könntest?

Der Ansatz im Coaching:

Das Soul-Master-Circle-Coaching vermittelt dir konkrete Strategien, um deine innere Stärke zu aktivieren und in jeder Situation sicher zu agieren. Mit dem Resilienz-Training lernst du, auf deine inneren Ressourcen zuzugreifen und selbst in stressigen Situationen klar und gelassen zu bleiben. Techniken wie die Sicherheitsvisualisierung, bei der du dir vorstellst, wie eine schützende Aura dich umgibt, helfen dir, auch in Krisenmomenten zentriert und souverän zu bleiben.

Ergebnisse und Transformation:

Nach diesem Coaching wirst du Krisen und Herausforderungen nicht mehr als Bedrohungen empfinden, sondern als Gelegenheiten, um deine innere Stärke und Flexibilität unter Beweis zu stellen. Dein Umgang mit Problemen wird gelassener, deine Selbstsicherheit wächst, und du wirst die Freiheit erleben, dass dich nichts und niemand aus deinem inneren Gleichgewicht bringen kann.

3. Dein volles Potenzial erkennen und in allen Lebensbereichen entfalten

Die Herausforderung:

Viele Menschen spüren, dass in ihnen mehr Potenzial steckt, als sie tatsächlich leben. Oft sind es Ängste, Selbstzweifel oder das Gefühl, nicht gut genug zu sein, die uns zurückhalten. Das eigene Potenzial zu erkennen und mutig zu leben, erfordert oft die Bereitschaft, alte Komfortzonen zu verlassen und mutige Schritte zu gehen.

Der Ansatz im Coaching:

Im Soul-Master-Circle-Coaching wirst du eine klare Vision deines Potenzials entwickeln und Methoden kennenlernen, um dieses Potenzial in allen Lebensbereichen auszuleben. Ein zentrales Tool ist die Potenzial-Entfaltungs-Analyse, die dir hilft, deine Talente, Interessen und Stärken zu erkennen. Mit Übungen zur Zielsetzung und Umsetzung wirst du lernen, wie du deine Potenziale in konkrete Schritte und Erfolge umwandelst, sei es beruflich, privat oder spirituell.

Ergebnisse und Transformation:

Du wirst erleben, wie erfüllend es ist, dein authentisches Potenzial zu leben. Indem du dein volles Potenzial aktivierst, wird sich dein Leben neu entfalten – du wirst deine Talente selbstbewusst zeigen und neue Möglichkeiten anziehen, die zu deinem Wachstum beitragen. Deine Beziehungen, deine beruflichen Erfolge und deine persönliche Zufriedenheit werden sich positiv verändern.

4. Authentisch und ganz du selbst werden – sich auf allen Ebenen verwirklichen

Die Herausforderung:

In einer Welt voller Erwartungen und Normen ist es oft schwierig, authentisch und echt zu sein. Häufig verstecken wir Teile unserer Persönlichkeit oder passen uns an, um akzeptiert zu werden, und verlieren so den Zugang zu unserem wahren Selbst. Authentizität bedeutet, sich selbst treu zu bleiben und die eigene Wahrheit zu leben.

Der Ansatz im Coaching:

Im Soul-Master-Circle-Coaching wirst du unterstützt, dein authentisches Selbst zu finden und dieses in allen Lebensbereichen zu leben. Mithilfe der Selbst-Erforschungs-Meditation wirst du die Möglichkeit haben, tiefer in dein Inneres zu blicken und all die Aspekte zu erkennen, die dich wirklich ausmachen. Übungen zur Selbstakzeptanz und Selbstliebe helfen dir dabei, auch Schwächen anzunehmen und mit ihnen zu arbeiten, anstatt sie zu verbergen.

Ergebnisse und Transformation:

Authentisch zu sein bedeutet, dein Leben ohne Maske zu leben. Du wirst lernen, für deine Bedürfnisse einzustehen, deine Grenzen klar zu setzen und dich selbst anzunehmen. Dies führt zu einem tiefen Frieden und einer inneren Freiheit, die dich in allen Lebensbereichen stärken wird.

5. Zum Glücksmagneten werden und die passende Resonanz erschaffen

Die Herausforderung:

Negative Gedanken und Emotionen ziehen oft Situationen und Menschen an, die diese Schwingung widerspiegeln. Es ist daher entscheidend, unsere innere Schwingung auf die Energie des Glücks und der Freude auszurichten, um positive Resonanzen anzuziehen.

Der Ansatz im Coaching:

Im Soul-Master-Circle-Coaching lernst du, wie du deine innere Frequenz auf Glück und Positivität ausrichtest. Das Glücks-Resonanz-Training ist eine Methode, bei der du durch tägliche Übungen lernst, negative Schwingungen zu neutralisieren und positive Energien zu verstärken. Durch Dankbarkeitsrituale und Visualisierungstechniken wirst du Schritt für Schritt zur Quelle von Freude und Glück.

Ergebnisse und Transformation:

Wenn du diese Techniken in dein Leben integrierst, wirst du feststellen, dass sich dein Umfeld verändert. Positive Menschen und Situationen treten in dein Leben, deine Beziehungen verbessern sich, und dein allgemeines Wohlbefinden nimmt zu. Dein Leben wird zu einem Ausdruck der Freude und der positiven Resonanz, die du bewusst erschaffst.

6. Mehr Glück, Freizeit und Gelassenheit erfahren

Die Herausforderung:

In unserer hektischen Welt haben viele das Gefühl, dass ihnen Zeit und Raum fehlen, um das Leben wirklich zu genießen. Die Belastung des Alltags, das ständige „To-Do" und der Leistungsdruck lassen oft wenig Raum für Erholung und Freude.

Der Ansatz im Coaching:

Das Soul-Master-Circle-Coaching vermittelt dir Methoden, wie du bewusster mit deiner Zeit und Energie umgehst. Mit der Zeiteinteilungs-Methode, die dir zeigt, wie du Prioritäten setzen und die richtige Balance finden kannst, wirst du lernen, dir für die Dinge Zeit zu nehmen, die dir am Herzen liegen. Ergänzt wird dies durch Techniken zur Stressbewältigung, die dir helfen, in turbulenten Zeiten gelassen zu bleiben.

Ergebnisse und Transformation:

Du wirst mehr Freiheit und Leichtigkeit in deinem Alltag erleben. Die Kunst, das Leben zu genießen und Zeit für die wichtigen Dinge zu haben, wird dir Zufriedenheit und Gelassenheit schenken. Du wirst in der Lage sein, achtsam und bewusst zu leben und jeden Moment voll auszukosten.

7. Jeden Mangel eliminieren und Fülle erleben

Die Herausforderung:

Der Mangelgedanke – sei es finanziell, emotional oder in Bezug auf Ressourcen – hält uns oft in einem Zustand der Sorge und des Selbstzweifels. Wenn du dich jedoch mit der Energie der Fülle verbindest, wirst du feststellen, dass es kein Limit für das gibt, was du erreichen kannst.

Der Ansatz im Coaching:

Im Soul-Master-Circle-Coaching wirst du lernen, Mangeldenken in Fülle-Denken umzuwandeln. Mit der Manifestations-Methode zur Fülle wirst du lernen, wie du mit Leichtigkeit Fülle in dein Leben ziehst, sei es finanziell, materiell oder emotional. Durch gezielte Visualisierungsübungen und Affirmationen wirst du dein Leben aus der Perspektive des Überflusses betrachten.

Ergebnisse und Transformation:

Du wirst die Fülle in deinem Leben willkommen heißen und dich immer in einem Zustand der Fülle befinden. Die Sorgen um Mangel oder Knappheit lösen sich auf, und du wirst ein Leben voller Möglichkeiten und Ressourcen erleben, die dir zur Verfügung stehen.

8. Ideen und Träume verwirklichen – mit mehr Lebensqualität und Freude

Die Herausforderung:

Viele von uns haben Träume und Visionen, die wir uns wünschen, aber oft nicht realisieren, weil uns der Mut oder die Kraft fehlen. Träume zu verwirklichen, erfordert Klarheit, Entschlossenheit und Vertrauen in den eigenen Weg.

Der Ansatz im Coaching:

Im Soul-Master-Circle-Coaching wirst du lernen, wie du klare, erreichbare Schritte festlegst, um deine Visionen Wirklichkeit werden zu lassen. Mit der Zielsetzungs- und Umsetzungsstrategie wirst du lernen, wie du deine Träume in konkrete Ziele umwandelst und mit Freude darauf zugehst.

Ergebnisse und Transformation:

Du wirst die Freude und Erfüllung erleben, die daraus entsteht, deine Visionen Wirklichkeit werden zu lassen. Jeder kleine Schritt wird dich deiner Lebensqualität, deinem Wohlstand und deiner Lebensfreude näherbringen und dich in deine Kraft als Schöpfer deines Lebens führen.

Fazit:

Das Soul-Master-Circle-Coaching als Weg zur ganzheitlichen Erfüllung und Selbstverwirklichung!

Das **Soul-Master-Circle-Coaching** bietet dir einen einzigartigen Rahmen, um dein Leben auf eine neue Ebene zu heben. Von der inneren Heilung über den Aufbau deiner Authentizität bis hin zur vollständigen Verwirklichung deines Potenzials – dieses Programm unterstützt dich auf allen Ebenen. Du wirst nicht nur die Fähigkeit erlangen, deine Energie im Gleichgewicht zu halten, sondern auch ein Leben voller Freude, Fülle und Sinnhaftigkeit erschaffen.

Hier kommst du zum Soul-Master-Circle-Coaching-Programm:

„Find your Vision, find your self!"

QR-Code scannen

oder in den Browser eingeben:

https://www.mbc-lifechanger.de/soul-master-circle-coaching/

Danksagung – „Ich sag Danke"

Mit diesem Abschlusskapitel möchte ich mich bei all jenen bedanken, die mich auf dem Weg zur Entstehung dieses Buches begleitet haben. Jedes Wort, jeder Gedanke und jede Technik, die hier vermittelt wird, entstand aus einer tiefen Quelle an Inspiration, Unterstützung und Ermutigung, die ich auf diesem Weg erfahren durfte. Ohne die Menschen, die mir auf diesem Weg zur Seite standen, wäre dieses Buch nicht möglich gewesen.

Ein Buch über Transformation, spirituelle Entwicklung und energetische Heilung zu schreiben, ist selbst ein Akt der inneren Reinigung und des Bewusstwerdens. Es war eine Reise zu mir selbst und zugleich ein Blick in das Potenzial, das jeder von uns in sich trägt, wenn wir die Bereitschaft zur Veränderung und Entfaltung aufbringen. Ich bin voller Dankbarkeit für die wundervollen Menschen, Lehrer, Freunde, Familie und Klienten, die auf diesem Weg meine Inspiration, Unterstützung und treibende Kraft waren.

Danksagung an meine Leser und Klienten

Ein besonderer Dank gilt dir, lieber Leser und liebe Leserin! Es ist deine Bereitschaft, dich auf diese Reise einzulassen, die dieses Buch lebendig macht. Deine Offenheit und dein Vertrauen in diesen Prozess sind für mich der höchste Ansporn und die größte Freude. Die Rückmeldungen und tiefgehenden Erfahrungen, die ich durch meine Arbeit mit so vielen wundervollen Menschen machen durfte, haben dieses Buch geprägt und beeinflusst.

An meine Klienten:

Euer Mut, eure Offenheit und eure Hingabe, euch selbst zu erforschen und innere Hürden zu überwinden, inspiriert mich jeden Tag aufs Neue. Eure Bereitschaft, tief zu gehen, Herausforderungen anzunehmen und euch für das Beste in euch selbst zu entscheiden, ist das, was mich am meisten motiviert. Die Transformationen, die ich miterleben durfte, die leuchtenden Augen, das gestärkte Selbstbewusstsein und das erwachte Potenzial, das ich in so vielen von euch sehen durfte, sind das größte Geschenk und die tiefste Bestätigung für die Arbeit, die in dieses Buch geflossen ist.

Ohne euch und eure Geschichten, die ihr mutig geteilt habt, wäre dieses Buch nur eine Sammlung von Gedanken und Ideen. Doch durch euch wird es zu einem lebendigen Werk, das von Erfahrung, Mut und der tieferen Sehnsucht nach Sinn und Erfüllung getragen wird. Ich hoffe von Herzen, dass ihr euch in den Zeilen dieses Buches wiederfindet und die Techniken und Einsichten, die darin beschrieben sind, euch weiterhin auf eurem Weg begleiten.

Danksagung an meine Mentoren und Lehrer

Ein großer Dank gilt meinen Mentoren und Lehrern, die mir die Türen zu spirituellen und energetischen Dimensionen geöffnet haben. Diese besonderen Menschen haben mich auf meinem eigenen Weg der inneren Transformation und Bewusstseinserweiterung geführt, und sie haben mich inspiriert, meine Erfahrungen und Erkenntnisse weiterzugeben. Ohne ihre Weisheit, ihre Führung und ihr unerschütterliches Vertrauen in meine Fähigkeiten wäre ich nie an diesen Punkt gekommen.

Ich möchte jedem einzelnen Lehrer danken, der mir nicht nur Wissen vermittelt hat, sondern auch Vertrauen und Mut. Sie haben mich gelehrt, dass Transformation niemals ohne das eigene Wachstum, das eigene innere Aufwachen und den Mut zur Selbsterkenntnis geschehen kann. Sie haben mir gezeigt, dass wahre Stärke aus der Bereitschaft kommt, Verletzlichkeit zuzulassen und Altes loszulassen. Diese Lektionen und Einsichten sind essenziell und durchziehen die Seiten dieses Buches.

Ich danke euch, dass ihr mir beigebracht habt, mich meiner Intuition und meinem eigenen Weg anzuvertrauen, selbst dann, wenn er nicht immer leicht oder offensichtlich war. Eure Geduld und euer Verständnis für die Reise eines jeden einzelnen Menschen haben mir geholfen, die Geduld und das Mitgefühl zu entwickeln, dass auch dieses Buch prägt. Ihr habt mir gezeigt, dass der Weg des inneren Wachstums nie linear ist, sondern sich in Kreisen und Spiralen bewegt, oft unvorhersehbar und doch immer in die richtige Richtung.

Danksagung an meine Familie

An meine liebe Frau Bärbel, meinen lieben Sohn Samuel und meine Familie, die mich seit dem Beginn meines Weges unterstützt und begleitet hat: Eure Liebe, Geduld und euer Verständnis haben mich stets getragen und mir die Kraft gegeben, das zu tun, was ich liebe. Ihr habt mir gezeigt, dass Familie mehr ist als eine Verbindung durch Blut – sie ist ein Raum des Vertrauens, der bedingungslosen Unterstützung und der tiefsten Verbundenheit. Eure Geduld und Offenheit haben es mir ermöglicht, mich immer wieder neu zu entdecken und mein wahres Selbst zu leben, ohne Angst vor Urteil oder Ablehnung.

Mein Weg in die spirituelle Arbeit und energetische Heilung war nicht immer leicht, zwar einfach, aber nicht unbedingt leicht gefühlt, und manchmal hat er Fragen oder Herausforderungen aufgeworfen, die uns alle überrascht haben. Doch eure Bereitschaft, mich zu verstehen und meine Entwicklung zu akzeptieren, hat mir den Mut gegeben, diesen Weg mit ganzer Hingabe zu gehen. Ich danke euch für euer Vertrauen und eure Geduld, für die Unterstützung, die ihr mir auf jedem Schritt entgegengebracht habt, und für die Freiheit, die ihr mir gelassen habt, meinen eigenen Weg zu finden.

Danksagung an meine Freunde und Weggefährten

Mein lieber Freund Kurt Tepperwein verdient einen ganz besonderen Dank, denn er hat mich in all den Höhen und Tiefen begleitet, die diese Reise mit sich brachte. Er ist derjenige, der mich ermutigt hat, weiterzugehen, selbst wenn die Herausforder-ungen groß und die Zweifel laut waren. Deine Freundschaft und Dein Glaube, haben mir immer wieder die Kraft gegeben, auch die schwierigsten Phasen zu überstehen und das Beste aus mir hervorzubringen.

Dank auch an Bekannte und Menschen, die mich umgeben haben und umgeben, die mich immer wieder daran erinnert haben, wer ich wirklich bin, auch wenn ich es selbst einmal vergessen habe: Eure Unterstützung und euer Mitgefühl, wenn auch oft in aller Stille vollzogen, sind ein fester Bestandteil meines Lebens. Ihr habt mir den Raum gegeben, über Ideen zu sprechen, neue Konzepte zu erforschen und auf eure ehrliche und liebevolle Art mein Denken zu erweitern. Ohne eure Impulse, gespiegelte Ermutigung und euer Verständnis wäre dieses Buch nicht das, was es ist.

Ich danke euch, dass ihr mir das Gefühl gegeben habt, nicht allein zu sein, dass ihr mich inspiriert und an mich geglaubt habt, auch wenn ich manchmal gezweifelt habe. Ihr habt mich immer wieder dazu ermutigt, authentisch zu sein und meine Wahrheit zu leben, und dafür bin ich unendlich dankbar. Ihr seid die Quelle, aus der ich schöpfe, und die Freude, die mich immer wieder antreibt, neue Wege zu gehen und neue Möglichkeiten zu erkunden.

Danke an die Kraft der spirituellen Quelle und das Leben selbst

Abschließend möchte ich der unerschöpflichen Kraft der spirituellen Quelle danken – jenem unbeschreiblichen, allumfassenden Bewusstsein, das uns alle miteinander verbindet und das uns auf jeder Ebene unseres Seins durchdringt. Die spirituelle Quelle ist die Basis aller Energie, aller Liebe und aller Erkenntnis, die ich auf meinem Weg erfahren habe. Sie ist die Kraft, die mich geleitet und unterstützt hat und die mich in Zeiten der Zweifel und Unsicherheit immer wieder in die Gewissheit zurückgeführt hat.

Das Leben selbst ist der größte Lehrer, der uns ständig Möglichkeiten zur Entwicklung und Entfaltung bietet. Dieses Buch ist ein Ergebnis vieler Lektionen, die ich auf meinem Weg lernen durfte, und ein Ausdruck des tiefen Vertrauens, das ich in das Leben und seinen Plan entwickelt habe. Jedes Hindernis, jede Herausforderung und jede Freude haben mich geformt und mir geholfen, das zu werden, was ich heute bin. Ich bin dankbar für das Geschenk des Lebens und die Möglichkeit, es mit all seinen Facetten zu erleben und daraus zu lernen.

Dieses Buch ist ein Teil-Zeugnis meiner Reise, meiner Erkenntnisse und meiner Hingabe an das, was mich ruft, und es ist mein tiefster Wunsch, dass es auch für dich, lieber Leser, eine Quelle der Inspiration und des Lichts sein möge.

Danke an dich!

Und damit noch einmal DANKE an dich, der du nun diese Zeilen liest und diesen Weg mit mir gegangen bist: Danke für deine Offenheit, für dein Vertrauen und für deine Bereitschaft, dir selbst zu begegnen. Dieses Buch ist für dich geschrieben, um dich zu ermutigen, dein wahres Selbst zu entdecken und die Kraft und das Potenzial zu erkennen, die tief in dir liegen.

Es ist mein Wunsch, dass die Seiten dieses Buches dir helfen, dein Leben bewusst zu gestalten, alte Muster loszulassen und dein wahres Potenzial zu leben. Jeder von uns ist einzigartig, und jeder von uns trägt eine einzigartige Gabe in sich, die es zu entdecken und auszudrücken gilt. Dieses Buch ist mein Beitrag dazu, dir auf dieser Reise Unterstützung und Inspiration zu bieten.

Du bist die Seele, die diesem Buch Leben einhaucht, und du bist der Grund, weshalb ich mich dieser Arbeit widme. Deine Bereitschaft, dich auf diese Reise einzulassen, berührt mich zutiefst und ist für mich der größte Lohn.

In tiefer Dankbarkeit, Liebe und Wertschätzung verabschiede ich mich und wünsche dir, dass du deinen Weg mit Mut, Freude und einem offenen Herzen gehst. Möge dein Leben reich sein an Erkenntnissen, Liebe und tiefem inneren Frieden.

Von Herzen, namaste,

Chris Hohlstamm von Dehnen

Weitere Bücher von Chris Hohlstamm von Dehnen
Erhältlich unter: **www.lebensfreudeverlag.de**

Sie sind ein Glückspilz
Der Ratgeber für eine grandios glückliche Lebenszeit!

14,90 €

Die 25 goldenen Glücksregeln
… für ein Leben in Wohlstand, Reichtum und Harmonie!

17,90 €

Die Reise ins Licht
Spirituelle Praktiken für kosmische Energie,
Selbstvertrauen …

8,70 €

Wie Sie spielend Ihr Traumleben verwirklichen
… und innerlich & äußerlich reich werden!

7,50 €

9 Schritte zu unerschütterlichem Selbstvertrauen
Steigere Dein Selbstbewusstsein, Deine Energie und Kraft, ..

14,90 €